像高手一样发言

Speak like a master

七种常见工作场景的说话之道

久久——著

速溶综合研究所　图

机械工业出版社

CHINA MACHINE PRESS

公务员的表达与沟通，不仅仅只是个人意愿的简单表达，更多的是职务行为的一种外化和体现，有着特殊的限制和要求。本书结合公务员常见的工作场景，通过拆解、论证、分析诸多真实的职场案例，挖掘其中讲话的特点和规律，提供公务员"好好说话"的公式和方法。俗话说：手中有粮，心中不慌。一旦熟悉了各种场合讲话的规律，掌握了发言的思路，那面对众人讲话就不再是一件难事了。

图书在版编目（CIP）数据

像高手一样发言：七种常见工作场景的说话之道 / 久久著.
—北京：机械工业出版社，2020.8（2025.2重印）
ISBN 978 - 7 - 111 - 66385 - 0

Ⅰ.①像… Ⅱ.①久… Ⅲ.①公务员-语言艺术
Ⅳ.①H019

中国版本图书馆 CIP 数据核字（2020）第 156645 号

机械工业出版社（北京市百万庄大街22号　邮政编码100037）
策划编辑：仇俊霞　　　　　责任编辑：仇俊霞
封面设计：钟　达　　　　　插画设计：石　寒　刘诗阳
责任校对：史静怡　　　　　责任印制：孙　炜
北京联兴盛业印刷股份有限公司印刷

2025 年 2 月第 1 版第 29 次印刷
127mm×183mm·6.375 印张·83 千字
标准书号：ISBN 978 - 7 - 111 - 66385 - 0
定价：49.80 元

电话服务　　　　　　　　　　网络服务
客服电话：010-88361066　　　机 工 官 网：www.cmpbook.com
　　　　　010-88379833　　　机 工 官 博：weibo.com/cmp1952
　　　　　010-68326294　　　金 书 网：www.golden-book.com
封底无防伪标均为盗版　　　　机工教育服务网：www.cmpedu.com

序 言

提升公务员说话能力的关键

公务员说话，不同于其他人。尤其是在一些正式场合，在面对公众讲话时，公务员说的话，除了体现个人意愿外，还代表了一定的职务身份，体现了公权力的要求。所以，对于公务员特别是负有领导职责的公务员来说，如何"说话"是件大事，是件需要仔细考虑的事。公务员"说话"时，要考虑"自己的身份、场合的需要、听众的需求"等诸多因素。这也是为什么在机关，给领导写讲话稿是一项很重要的工作——都是由"讲话"本身的重要性所决定的。

在机关"说话"很重要，但对于绝大多数公务员来说，却是件很难的事。因为"说话"是一项技能，需要经过真刀真枪的大量锻炼，只有在实践中才能真正提升水平。但我们从小到大都缺乏当众

"说话"的锻炼机会。尤其是到了机关，许多人尤其是年轻人"写"和"听"的机会很多，但"说"的机会却很少。所以，对于绝大多数公务员来说，当众讲话紧张，或者离开稿子就讲不了话，就成为普遍现象。

"说话"很重要，但是又缺少锻炼机会，这两者之间的矛盾怎么解决？靠谱的做法就是：做好准备，抓住每次难得而又宝贵的当众讲话机会，争取讲一次就能进步一点，讲一次就能增强一次信心，日积月累，慢慢由量变转化为质变，逐步解决当众讲话不敢说、不会说、说不好的问题。

那如何来做好准备呢？关键就是要熟悉讲话的规律，理解并掌握各种场合下讲话的思路，知道怎么说、说什么，然后勇敢地去开口实践，并在实践的过程中验证、反思，最终掌握并运用规律。

本书结合公务员常见的工作场景，比如汇报工作、会议发言、述职报告、竞聘演讲、餐桌应酬等，通过拆解、论证、分析诸多真实的职场案例，挖掘其中讲话的特点和规律，并在此基础上，为你提供

"好好说话"的公式和方法。俗话说：手中有粮，心中不慌。一旦熟悉了各种场合讲话的规律，掌握了发言的思路，那面对众人讲话就不再是一件难事了。

希望这本书能为你提升表达能力、收获自信和快乐生活提供帮助。

久久

2020 年 7 月

▓目 录▓

第五章　餐桌礼仪

第七章　日常交际

第一章

释放心理

　　紧张，是让多少人挥之不去的梦魇。 当众讲话时紧张，几乎每个人都有这样的体验。 本章就带你去揭开紧张的神秘面纱，让你正确认识和对待紧张，然后告诉你轻松控制紧张的方法。

▓认识当众讲话的紧张基因

想要控制好当众讲话的紧张情绪，首要的前提是客观、理性、正确地认识紧张，只有知道了紧张从何而来和紧张的特点，才能去很好地适应它，释放它。

○ 紧张，是正常的、普遍的

在公务员的日常工作和生活中，经常会遇见各种会议、述职报告、竞聘演讲、座谈交流、餐桌应酬，等等。但是自己却往往没有讲话的机会，没有锻炼的机会。对于大多数人来说，做好当众讲话的第一大难题，就是如何克服紧张。

比如，有的人在私下一对一的场合讲话，特别能说，但是人一多，就不敢讲了；有的人和同事们聊天挺嗨，但一旦有了领导的加入，就很紧张，不会说了；还有的人，在台下明明准备得很好，但是一上台，就紧张得大脑一片空白，不知道怎么说，说什么了。

关于紧张，心理学上这样定义：它是人类应对危机时的一种本能反应。人的身体，会对外来刺激保持警觉，一旦感觉到不利于自己的情况发生，就会出现肌肉紧绷、心跳加快、手心出汗等状况。这些反应，不需要大脑思考，是人的本能。

当面对众人讲话时，很多道目光直射自己，我们的身体会不自觉地启动防御系统，从而导致紧张的出现。可以这样说，当众讲话紧张，是绝大多数人正常的、普遍的心理反应。

所以，紧张不是能力不行，也不是性格内向，更不是"社交障碍症"或"讲话焦虑症"。不要因为紧张，就给自己贴上负面标签，形成负面的心理暗示。这是最愚蠢的。

理解"紧张"

紧 张

危机 →(刺激) 身体 →(启动) 本能防御机制

过度
·肌肉紧绷
·心跳加快
·手心出汗

适度
·大脑兴奋
·精神集中
·潜能发挥

○ 紧张，要控制而非克服

所谓存在即合理。紧张既然是本能反应，说明它的存在有一定的合理性。适度紧张，可以让讲话者大脑兴奋、精神集中，为更好地发挥潜能做好准备。对于当众讲话而言，适度的紧张，表示重视听众，重视讲话。只要是在乎听众，想要讲好，想要给听众留下好印象，自然就会紧张。

我们要做的是，调整和控制"过度紧张"。如果因为紧张导致思维停滞、张嘴结舌，甚至面红耳赤、满头大汗，一句话都说不出来，无法正常地将自己想讲的内容表达出来，那就需要控制。要通过具体的方法把紧张感降到一定程度，把"过度紧张"调整为"适度紧张"，让紧张成为助力，而非阻力。

○ 紧张源自"有需求，没把握"

紧张到底从何而来？紧张源自"有需求，没把握"。

什么是"有需求"？就是有所求。作为公务员，对于绝大多数人来说，当众讲话的机会是很少的，当然也就非常宝贵。大多数人"听"得多，而"说"得少。所以，许多人在讲话之前，不免会胡思乱想、浮想联翩，"现场有领导，今天要好好表现，争取给领导留下好印象""这次讲话太重要了，千万不能犯错""一定不能让大家小瞧我"，等等，这些都是"有需求"。换句话说，就是期望值很高。由此给自己带来了压力，而压力越大，就越紧张。

什么是"没把握"？就是不知道如何去做；如何才能给领导和同事留下好印象；如何才能把话讲到点子上，讲到听众心里去。或者拿不准自己讲得到底"对不对""好不好"，心中无数，心里没底。

一方面需求强烈，另一方面没有把握。这两者之间的落差，导致了紧张的产生。而且落差越大就越紧张。

○ **控制紧张的根本之道**

那如何控制紧张？降低需求，提高把握。缩小"需求"和"把握"两者之间的落差。

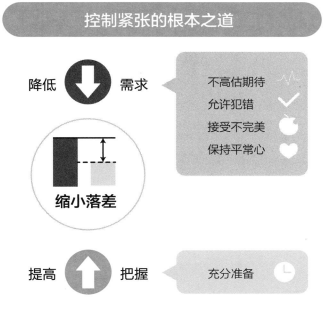

降低需求，本质就是降低期望值，允许自己犯错，勇于接受自己不完美，保持一颗平常心。

久久小贴士

> **瓦伦达效应**：瓦伦达是一个美国人，职业是表演高空走钢丝。他在一次表演时，不幸掉下来摔死了。他的妻子事后说："我知道这一次会出事，因为他上场前总是不停地说，'这次太重要了，千万不能失败'；而以前表演时，他总想着走钢丝这件事本身，而不管成功或者失败的结果。"后来，人们把这种为了达到一定目的而患得患失的心态，叫作"瓦伦达效应"。

在机关里，如果太看重当众讲话的结果，太看重领导和同事对你的看法和印象，反而会影响当众讲话水平正常发挥。而且从另一个角度来说，一次的当众讲话，真有那么重要吗？我见过好多人，讲话水平并不高，但这并不妨碍他们的进步和成长。有时候不善言辞还成为一种美德，被领导和同事评价为"成熟稳重，做人踏实"。所以，无限放大一次当众讲话的结果，那是庸人自扰。

提高把握，实质就是尽可能多地做准备。千万不要相信那些所谓"××天生会说"的话。要想"人前风光"，就得"背后沧桑"。比如开会发言，如果对会议的内容和要求比较熟悉，提前也做了充分准备，那紧张感就会得到很好的控制，临场发挥也会更好，听众的反馈也更好，这样就能形成良性的互动循环。相反，准备不充分，临场紧张忘词或者胡说一气，听众反馈就不好，这样会严重打击讲话者的信心，甚至会留下心理阴影。所以说，充分准备至关重要。

那如何来做准备呢？

正确准备当众讲话的三字口诀是：写、背、说。

写——写稿子。在准备讲话稿时，先逐字逐句地把讲话稿写下来。这样做的目的是厘清思路。

背——背稿子。不是逐字逐句地背稿子，而是要把讲话稿的关键内容和讲话提纲背下来。

说——说稿子。通过大量的练习，把书面语转化为口头语，努力使表达更具现场感，更加生动、自然。

▓有效控制紧张的四大方法

前文讲了紧张的基因，目的是帮助你从理论层面上，对紧张有一个全面的认识。本节将从实践、操作层面，分享控制紧张的具体技巧和方法，帮助你在会议发言、述职报告、座谈讨论、竞聘演讲等当众讲话场景中，简单、快速、有效地控制紧张。

○ 第一种：开场法

即提前准备好，练习好开场的前几句话。

在多年的口才培训和实践中，我发现一个现象：绝大部分人当众讲话时情绪紧张的变化，可以画成一幅图。

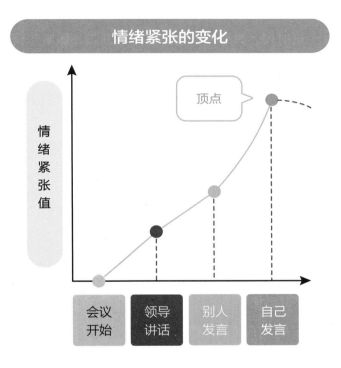

情绪紧张的变化

顶点

情绪紧张值

会议开始　领导讲话　别人发言　自己发言

　　比如，单位开会让每个参会者依次发言。当领导宣布会议开始时，许多人就开始紧张了；随着会议的推进，紧张情绪越来越强，尤其是快轮到自己发言时，紧张得心脏都快蹦出来了；到自己开口的那一瞬间，紧张会达到最高峰值。

这时候，如果发言者能够顺利开口，那紧张情绪就会呈逐步下降的趋势，自己慢慢会平静下来。相反，如果开场不顺利，或者说紧张情绪控制不好的话，说话者会越说越紧张。

所以，要想控制并缓解紧张情绪，提前准备好，练习好开场的前几句话，是一个很好的办法。

○ 第二种：深呼吸法

要学会正确深呼吸。

深呼吸能够缓解紧张。但什么是正确的深呼吸，好多人却不了解。深呼吸也是有技巧和方法的。有时候，许多人就是因为不会深呼吸，从而导致自己无法平静、淡定下来。

正确深呼吸，在操作过程中有两个步骤、两个关键。

正确深呼吸

| 先呼气 | ➤ | 再吸气 |

呼 慢 →
· 口微张
· 慢吐
· 吐不动止

吸 慢 →
· 鼻吸
· 缓慢
· 吸不动止

两个关键：动作要慢 腹部配合

呼
· 松拳
· 缩腹

吸
· 攥拳
· 鼓腹

两个步骤：第一步，呼气。具体这样来做：先微微张开嘴巴，慢慢地往外吐气，持续的时间越长越好，直到吐不动为止；第二步，吸气。用鼻子吸气，动作要缓慢并直到吸不动为止。

两个关键：一个关键是，在做呼吸时，切记动作一定要慢，并尽可能地慢；同时，两手要做好配合，吸气时慢慢用力攥紧拳头，吐气时攥紧的拳头逐步放松。另一个关键是，在做深呼吸时，腹部是配合着同时活动的：吸气时，肚子往外鼓，就好像气球一样；呼气时，肚子往里缩。

如果你的肚子不动，或者方向是相反的，说明你的呼吸方式是错误的，没有呼吸到位。

○ 第三种：转移法

即通过某些途径让自己从紧张情绪中抽离出来，让自己放松。

这个方法不固定，每个人情况都不一样。

我有两条经验：一是在手机里存一些搞笑段子或图片，紧张时就打开看一下，让自己转移紧张情绪，得到放松；二是遇到紧张时闭上眼睛，回想自己的成功经历。比如我经常想：有着 10 年烟龄、每天 2 包烟的我都能成功戒烟，当众讲话算什么呢；我坚持日更微信公众号5年多时间，那么难的事自己都坚持下来了，一次发言真不算什么；自己多次参加各类演讲比赛都获奖了，还给别人讲了多年的口才培训课，这点小事还能难倒我？一想到这些成功的事，总能增加我的信心和勇气，让自己放松下来。

再举个我的学员的例子。曾经一位40多岁的男性公务员找到我，说自己性格内向、不善言谈，当众讲话时特别紧张，非常苦恼。我教了他一个方法：让他脱光衣服对着镜子跳舞。听了我的方法，他简直要晕了——没想到我会给他出这么个主意。刚开始，他很不好意思，一个40多岁、性格内向、不善言谈的男性公务员，脱光了衣服对着镜子跳舞，自己想想都觉得可笑。我说如果他按照这个方法去做，肯定能控制紧张。然后，他就真去做了，且尝试后感觉挺好。每次一紧张，他就会想起自己脱光衣服在镜子面前笨拙跳舞的画面。一想到这个画面，他自己就笑了；而一旦笑了，他也就放松了。

你也可以去尝试各种方法，把自己从紧张情绪中抽离出来。

○ **第四种：物理控制法**

物理控制法，就是将自己全身的力气用尽、发泄完，没有多余的精力去紧张。比如，紧张时可以尝试着握紧双手，咬住牙齿，屏住呼吸，然后使出全身力气，就好像在跟别人较量一样。这样反复几次后，会感觉自己的力气被用尽了，这时候身体会自然地放松下来，因为压根儿就没有力气紧张了。此外，如果条件允许，还可以在紧张时，做一些剧烈运动，比如连续做俯卧撑、高抬腿、拳击运动，等等。总之就是要让自己的精力释放干净，让自己无力去紧张。

这个方法，我试过多次，感觉很有效果。而且使用起来非常简单，不用怎么学就会做。

也许你看了这四种方法后，可能会觉得：这些方法我都试过，但效果一般。我还是会紧张，为什么？

在回答这个问题前，我们先看一个故事。

久久小贴士

　　英国戏剧学家萧伯纳，年轻时非常胆怯。别人请他作客，他到别人家门前却不敢敲门；朋友邀他参加学术辩论会，他紧张万分、结结巴巴、语无伦次。后来他意识到问题后，便发愤练习演讲。他报名参加了辩论学会，每星期坚持当众演讲。刚开始，别人把他当成"小丑"，取笑他，甚至轰他下台，但他始终坚持演讲完后再下台。他积极寻找各种锻炼口才的机会，只要有公众讨论的聚会，不管是在教堂、学校，还是在公园、码头；不管是在挤满听众的大厅，还是在只有寥寥数人的地下室，他都踊跃参加。尽管饱尝了怯懦、恐惧的煎熬，以及别人讥笑的折磨，但他始终未曾退缩，而是以强大的毅力坚持了下来。结果，他从一个自卑怯懦的青年，变成了二十世纪上半叶最出色的演讲家之一。后来，有人问萧伯纳："你是怎样学会当众演讲的？"他回答说："我是以自己学溜冰的方法来练习演讲的——我固执地、一个劲地让自己出丑，直到我娴熟为止！"

读完了萧伯纳的故事后，就可以回答上面的问题了。如果你试过了我分享的"有效控制紧张的'四大方法'"后，还是紧张。那说明你练习得不够多，受紧张情绪压抑得还不够深，还没有尝够那种由紧张带来的失败感和挫折感。

归根结底一句话，就是尝试紧张的次数还不够。再说白一点，就是当众讲话的次数还不够。如果有一天，你体验紧张的次数足够多了，你就自然会习惯与紧张和平相处了。

本章要点总结

认识当众讲话的紧张基因

☑ 紧张是正常的、普遍的，不要给自己贴上负面标签。

☑ 要控制紧张，而非克服紧张，紧张是克服不了的。

☑ 紧张源自"有需求，没把握"，这两者之间的落差，导致了紧张的产生。

☑ 控制紧张的根本之道是：降低需求，提高把握。

有效控制紧张的"四大方法"

☑ 开场法，到了当众讲话的场合，首先想好、练好开场的前几句话。

☑ 呼吸法，学会正确深呼吸。

☑ 转移法，通过某些途径，让自己从紧张情绪中抽离出来，让自己放松。

☑ 物理控制法，把自己的力气用尽，让自己无力紧张。

第二章

会议发言

　　会议，这是公务员在日常工作中遇到最多的场景。如何在短时间内厘清发言思路，遇到突发情况从容应对，以及如何高效、得体地主持一场会议，这是本章将要解决的问题。

▓ 如何在会议场合自信发言

开会时，如何在短时间内，把话说清楚、讲好重点，这里告诉你一个简单的发言"万能公式"，能帮助你短时间内厘清思路，在会议场合得体自信地开口讲话。

○ 会议发言"万能公式"

作为公务员，"会议"绝对是用得最多、见得最多的工作形式和场景。那你有没有遇到过这些情况：开会前，明明想好了怎么说，但是一旦开口，好像嘴巴就不是自己的了，明明是想说 A，但说着说着就成了 B；开会前，洋洋洒洒写了好几页，做了充分的发言准备，但到了会场，主持人说，今天时间很紧张，每个人发言必须控制在 5 分钟内，这时候就不知道如何开口了；开完会，发现根本记不住其他人的发言。换位思考，我们的发言，领导和同事能记得住吗？怎么才能把我们的发言凸显出来，如何说才能给听众留下深刻印象？

下面这个会议发言"万能公式"，就能解决这些问题。

会议发言"万能公式"：铺+观+问+论+总。

铺：铺垫的话。开会发言刚开口的时候，要学会铺垫，客气一下表示礼貌。比如："大家好，我是××单位的××，刚才听完大家的发言，很受启发。特别是听了××提到的××观点，感受很深。下面我谈谈自己的看法。"说铺垫的话，一是表示礼貌，二是可以帮助自己控制紧张情绪。

观：观点。讲完铺垫的话之后，就应该直接表明观点，让听众清楚地接收到。比如："我认为抓好文明城市创建工作有三个关键需要把握……"有些人为什么会发言超时，关键是不能把观点清晰地表达出来，这也是判断一个人讲话能力的关键。

问：我为什么这么说？（我为什么这么认为呢？）讲完观点后，一般来说接着就要论证观点了。有些人之所以会跑题，关键是缺了这个"问"字。在论证观点前，加一句"我为什么这么说？"相当于主动设问。这么做有三个作用：一是与听众互动，吸引大家注意；二是帮助我们锁定观点，不容易跑题；三是起到过渡作用，承上启下，引出后面的"论"字。

论：论证，提供论据来证明观点。讲完观点，问完为什么有这个观点，接下来肯定就要开始论证了。

总：总结。就是把前面说的观点再次重复，与开头呼应，加深听众的印象。

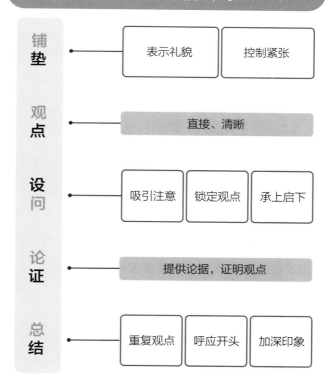

模拟场景

单位召开座谈会，大家围绕"如何提高公文写作能力"进行讨论交流

大家好，非常高兴能有机会参加今天的座谈会，刚才大家的发言给了我很大启发。下面我谈谈自己的观点。（铺）我的观点是：要想提高公文写作能力，就得当好"三多"先生。（观）我为什么这么说呢？（问）第一多是"多学习"。就是多学习一些公文的基本知识，了解每个文种的特点、用途，掌握每种行文的结构，以及一些特定场合的特定用语等。对一些常用的公文，如领导致辞、主持词、倡议书、新闻稿等都要有所了解。第二多是"多思考"。观点是文章的命脉。只有注意理论与实践的结合，提炼出鲜明的观点，文章才有深度，才有生命力。而观点来自于思考。所以写文章之前，必须静观默察、深思熟虑。第三多是"多练习"。公文写作是一项技能，"文贵于精，精在于练"，不仅要多读、多想，更要多练。任何好文章都离不开大量练习。只有多写常练，坚持不懈，才会熟能生巧，运笔自如，真正学到本领。（论）所以说，要想提高公文写作能力，我们就必须成为"三多"先生。（总）谢谢大家。

○ 运用好"万能公式"的关键

运用好会议发言的"万能公式"，要把握两个关键。

观——观点

第一个关键是把握好"观"字。开会时，表达观点并不难，难的是如何让听众，让领导和同事记住我们的观点。换句话说，我们的观点需要包装，就如同报纸上文章的标题一样，需要加粗放大，这样大家才会有印象。

怎么来做呢？具体有两种方法。

第一种方法：长变短，越短越好，越精炼越好。

举例：一次，我们单位的分管领导在听取几个处室的工作汇报，给大家安排下一阶段工作时说，做好工作要做到三个字"忠、专、实"。"忠"是指

思想方面，要忠于祖国、忠于人民、忠于职守，一定要讲政治；"专"是指业务方面，要崇尚专业主义精神，保持专业水准，做业务要精益求精；"实"是指作风方面，要出实招、见实效，说老实话、办老实事、做老实人。短短三个字，把做好工作最重要的三个方面都讲到了。言简意赅、简明扼要，逻辑清晰，让人容易记忆。

第二种方法：用名人名言、经典诗句、网络金句等作为观点。

举例：朋友小李在卫健系统工作，他所在的处室主要负责创建国家卫生城市的业务工作。因为今年年底即将迎来国家复审测评，上个月他们单位牵头召开动员会，对迎检工作进行安排部署，同时邀请省卫健厅的领导来动员讲话。会上，这位领导就用了三句经典诗词来阐明观点。一是以"咬定青山不放松，任尔东西南北风"的韧劲持续推进创卫工作；二是以"沉舟侧畔千帆过，病树前头万木春"的达观，认真整改创建中存在的问题；三是以"雄关漫道真如铁，而今迈步从头越"的气概，夺取创卫工作新的胜利。这三句经典诗词，层层递进、表意准确、气势磅礴，给人留下了深刻印象。

因为名人名言、经典诗句、网络金句等，本身就具备传播性，大家都耳熟能详，以这些内容作为观点，自然能使人留下深刻印象。

论——黄金三点论

第二个关键是把握好"论"字。如何才能把要论证我们观点的论据说清楚、说明白，最关键的是要条理清晰。在这里分享给你一个条理性讲话的方法——黄金三点论。

"黄金三点论"就是围绕主题，把要表达的内容，按照一定的逻辑顺序分成三个部分，在表达时加上"第一、第二、第三"等序数词。

为什么叫"黄金三点论"？心理学家经过大量实验得出结论：听众在一段时间内，对若干项内容的记忆，前三点印象最深。在中国传统文化中，"三"具有特殊的含义：《道德经》开篇就说"一生二，二生三，三生万物"；《史记·律书》中记载"数始于一，终于十，成于三"；另外在一些成语中，如三心二意、约法三章、三教九流等，也经常出现"三"，这里的"三"，其实就是"多"的意思。

基于这些原因，建议你在讲话时将想要表达的意思提炼成三点来说，称为"黄金三点论"。

▊会议发言突发情况应急策略

开会过程中，经常会遇到一些突发情况。比如，开会前没有做发言准备，但会场中突然被要求发言；开会过程中，刚开始很淡定，但快轮到自己发言时越来越紧张；开会时发言比较靠后，发现自己想讲的内容被其他人讲完了……

○ 没有准备，突然被叫起来发言

我们部门每周一上午都要开例会，有一次开例会的时候，正巧单位的大领导就在我们部门隔壁的办公室开会。我们这边正开着会，大领导突然来到我们会场说是要听会，然后随机点了一位同志发言。哎，那位老兄紧张的样子，我现在印象都很深刻，他讲得磕磕巴巴、语无伦次。会后，我们部门的领导狠狠把他批评了一顿，说他是烂泥扶不上墙。

没有准备，突然被叫起来发言，一般人都会很紧张，这时怎么开口呢？教你一个方法："好+谢+谦"。

好：问好。

谢：感谢。分两个层次：一是谁让我们发言就感谢谁；二是现场谁的职位最高就感谢谁。说感谢的话主要是为了让自己放松，同时赢得思考时间。

谦：谦虚。被叫起来发言，是给我们一个表现的机会，所以要低调谦虚。

举例：

尊敬的张部长，各位同事，大家好！（好）谢谢张部长百忙之中抽出时间到现场指导工作，这对于我们做好创建工作是巨大的鼓舞和鞭策；也谢谢李处长把发言机会交给我。（谢）说实话，让我第一个发言，还是挺紧张的。一来没有多少准备；二来对创建问题我的认识可能还不到位，所以说得不一定对，权当是抛砖引玉。（谦）

上例就是在没有准备的情况下，突然被叫起来发言，这时就应该用"好+谢+谦"来进行铺垫，为自己赢得思考的时间。

○ 别人快说完了，马上轮到自己时特别紧张

方法也是三个字："好+肯+谦"。

好：问好。

肯：肯定。指对前面发言的人说的话表示肯定和赞同。

谦：谦虚。被叫起来发言，是给我们一个表现的机会，所以要低调谦虚。

这与应对第一种突发情况的"好+谢+谦"，只相差一个"肯"字，其他两个字都一样。

举例：

尊敬的张部长，各位同事，大家好！（好）刚才

听李处长的发言，我感受很深。特别是他提到围绕创建工作，要采取五大措施，给我很大启发。（**肯**）下面，我结合自己的思考，谈谈对这个问题的看法，说得不对的地方，请大家指正。（**谦**）

在这个公式里，讲"肯"字时，要尽量具体，即别人讲得好，好在什么地方必须说清楚。如果都是泛泛之谈，听众就会没感觉，甚至会认为这是虚伪和敷衍。

久久小贴士

经常用到的肯定他人的四种话术：

一是肯定他人的观点新颖独特，有很好的借鉴意义；

二是肯定他人思路清晰、观点明确；

三是肯定他人讲话内容丰富、底蕴深厚、信息量大；

四是肯定他人语言生动，大家爱听想听。

你可能要问，如果前面人讲的观点和我们的不一致，甚至相反，那怎么来肯定呢？也是可以肯定的，有两个方法：

一是学会说一个词——角度。

举例：刚才，李处长站在完成工作目标的角度谈了对创建问题的看法，思路很清晰，给了我很大启发。现在，我站在另外一个角度也谈谈对这个问题的看法，请大家指正。

"角度"这个词是一个中性词，显得很客观。

二是肯定对方讲话中的某个点，而不是整个讲话内容。

举例：刚才，李处长在讲话中提到，在处理创建问题时要注意一个前提，就是要调动基层的工作积极性。对于这点，我完全赞同。下面，我从另外一点，来谈谈自己的想法。

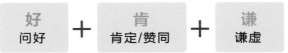

好
问好

＋

肯
肯定/赞同

＋

谦
谦虚

常用肯定他人的话术

肯定观点：新颖独特
肯定思路：清晰明确
肯定内容：丰富、深厚
肯定表达：语言生动

观点不一致时

学会说"角度"
肯定某个点

○ **发言靠后，发现自己想讲的被别人讲完了**

方法有两个：

第一个方法：说实话+谈最深。

举例： 各位好，仔细听完大家的发言，我发现大家把我想要说的话都说完了，我没话说了。但难得有这么个发言机会，那我就谈谈自己感受最深的地方，请大家不要嫌我啰唆。

这就叫作"说实话"。这样坦率地说出来，显得真诚，容易让人理解。集中精力就谈感受最深的一点，既能节省时间，又能把问题谈好。所以如果从这些角度来分析，我们想讲的被其他人说完了，这个问题根本不算是问题。

第二个方法：找台阶+说观点。

举例：各位好，听完大家的发言，让我想起来一句话，叫作英雄所见略同。我和大家想到一块儿去了。我也认为这个问题应该……

通过"英雄所见略同"这句话，给自己找个台阶，这样听众就不会觉得是在重复他人的话，而是感觉你和大家是一致的。接下来就可以继续往下说观点了。

当然了，在会议发言时，还是尽量避免最后再说，不能老是把压力留给自己。

前面讲了会议发言时，经常会遇到的 3 种突发问题以及应对方法，这些方法看似不同，但本质都是一样的——都算是"铺垫"。所谓"铺垫"，用专业术语解释，就是在双方说话一来一往之间加上隔层。隔层的目的是为了创造舒适的说话环境和氛围。简单说，铺垫就是场面上的客套话。这种话，看起来很虚、很空，但却实用、有效。就像朋友之间的闲聊，尽管都是废话，但是必不可少。

铺垫，既可以帮助我们缓解讲话紧张情绪，让我们放松，还可以培养换位思考的习惯，树立关心他人的意识。而这正是营造和谐人际关系的重要方法。如自谦、感谢、肯定他人、换个角度等，指的都是这个意思。

要提醒的是，对发言过程中的"铺垫"要有时间意识。发言 5 分钟，那铺垫 30 秒即可；如果发言 2 小时，那可以铺垫 5 分钟。

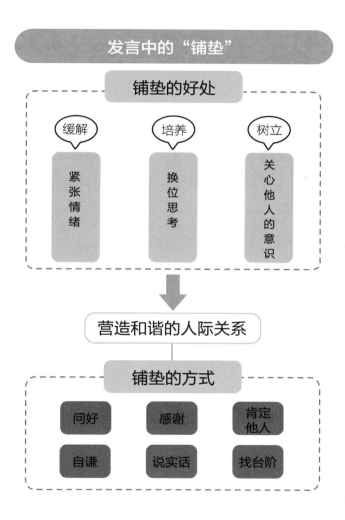

▓ 如何轻松做好会议主持

会议是公务员常用的工作场景，每场会议都需要一位主持人。谈到主持人，我们可能会立即想到那些专业的电视节目主持人，当聚光灯亮起时，他们站在舞台中央，成为万众瞩目的焦点，手持话筒侃侃而谈，神采飞扬，谈笑风生。

说实话，公务员基本不可能成为那样的人，工作也不需要我们那样。但是，这并不意味着，我们不需要"主持力"。所谓"主持力"，就是主持会议的能力。比如，一个处室召集大家集中学习，这时候就需要一个主持人；单位内部就某个问题进行讨论交流，这个过程也需要主持。主持得好，会议、活动的各项流程就进展得比较顺利，效率比较高，效果也会更好；反之，如果缺乏一定的主持能力，就无法很好地掌控会议的进展和流程，就会出现各种问题。所以说，尽管公务员不需要成为专业的主持人，但我们需要尽可能去锻炼我们的主持能力。

下面，就结合公务员常用的会议场景，分享主持人会议开场、结尾的讲话方法，帮助你在主持的过程中能够侃侃而谈，很好地展示风采，让你轻松做好会议主持。

○ **会议开场时，要遵循的"五字口诀"**

主持人在会议开场时，可以遵循"开+重+人+议+请"的五字口诀。

开：开场白。会议场合，主持人刚开始肯定要说一些开场的话，比如和大家打招呼、问好之类，这是起码的礼仪，表示尊重大家。要注意的是，在一些正式场合，对现场的重要人物或者特殊人物，要做 VIP 的处理，就是要特意点出来。

举例：尊敬的张书记、李主任，来自全国各地的各位同行们，大家下午好。

此外，在开场白中，除了和大家打招呼外，还应该包括欢迎并点明会议主题的意思。

举例：各位领导、各位同事，大家上午好。欢迎大家参加由市委宣传部、市文明办联合举办的文明城市创建资料专题培训班。

这样说，就是要解决参与者"听什么"的疑惑。

重：会议的重要意义。

举例：今年是我们市创建文明城市的冲刺年。收集整理上报创建资料，对于争创文明城市具有决定性意义。在座都是各单位、各部门的资料收集员，文明城市这块金字招牌能否拿到，和在座各位的努力息息相关：我们干得好，文明城市创建成功的概率就大；如果我们不努力、不细心，那全市工作就会受到影响。举办这个专题培训班，目的就是要帮助大家提高认识、明确任务，掌握要求、提升能力。

"重"字非常关键，如果说不好、说不到位，那听众的参与积极性就调动不起来，会场的气氛也营造不起来。许多人在主持过程中，经常感觉没话说，或者吸引不了听众，说话没分量，关键是没有讲好"重"，没有把会议的意义挖掘到位。

人：参加会议的人员。在讲这个字时，不同的场合有不同的要求，要具体情况具体分析。比如，文明城市创建培训班，我们邀请了相关的资料收集整理的专家，介绍时就要重点加以介绍。

举例：今天我们邀请到省文明办创建处的处长杨卫国同志，莅临现场为大家授课。杨处长是精神文明建设战线的领导和专家，在文明城市创建方面，有着深厚的理论功底和丰富的实践经验。杨处长是中央文明办的创建专家组成员，曾经参与过全国创文实地考察项目和问卷调查的设计，在资料收集整理方面，曾经全程一线指导我们省内兄弟城市的创建，有着相当丰富的实际操作经验。

当然，一般会议不需要把参会人员的情况详细展开，介绍职务即可。要注意一个细节，介绍与会者时，不能只介绍领导，其他参会人员也要依次介绍，这是礼节问题。

议：会议的流程和议题。比如，今天的会议有三项议程：一是…，二是……，三是……。让与会者有一个整体的印象。

请：也就是依次请相关人员发言讲话，把每个议程依次展开。

这就是一般会议开场的五字口诀"开+重+人+议+请"，其中最关键的是"重"，要想把会议主持好，把大家的参与积极性调动起来，必须要把这个字讲好，讲到位。

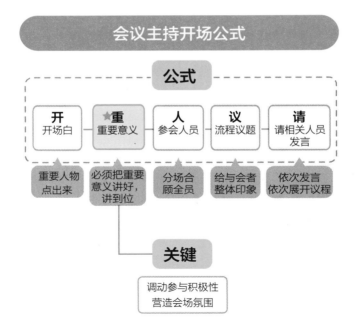

○ **会议结束时，要遵循的"四字口诀"**

主持人在会议结束时，可以遵循"总+启+望+结"的四字口诀。

总：总结。一般情况下，会议议程结束后，主持人会把刚才的议程都说一遍。

举例：刚才市城市管理局王局长介绍了我市在城市管理方面的经验和做法，市环境保护局介绍了在防止重度污染天气方面的做法，市交通局介绍了缓堵保畅工作的经验，市委常委、副市长李××同志就做好城市精细化管理做了一系列的指示和要求……

把会议的每个议程做简要的梳理和总结，目的是让与会者加深印象，掌握会议精神。

启：启发。即主持人参加会议受到的启发。

举例：听了刚才李市长关于城市精细化管理要

做到"五个抓"，我深受启发，尤其是他结合我市目前的创建全国文明城市工作，谈到的……非常有针对性、指导性，为我们做好下一步工作，指明了方向，明确了要求。

说这个字的意义，在于向发言者表示主持人自己在认真听。

望：希望。即给与会者提要求。

举例：会后，希望各部门、各单位按照刚才李市长"五个抓"的要求，切实抓好落实。关于这块，我再谈两个具体的要求。一是参与人员会后要第一时间给各部门、各单位一把手汇报会议精神；二是一周之后，各部门、各单位要将落实会议精神的情况书面报给市文明办。

结：结束。即会议主持的结束语。一般要含有感谢的意思，还要有结束的意思。

举例：感谢大家参与今天的会议，也感谢李市长到会指导……今天的会议到此结束，散会。

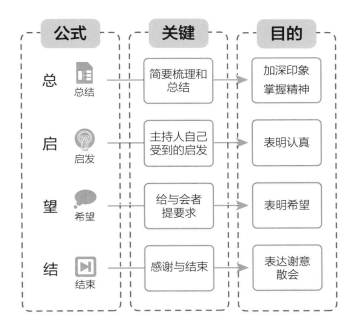

本章要点总结

会议发言 "万能公式"

☑ 铺+观+问+论+总：铺垫的话+观点+为什么我这么说+论述证明+总结。

☑ 用好"观"字，一是长变短、越短越好；二是用名人名言、经典诗句、网络金句等作为观点。

☑ 用好"论"字，运用黄金三点论，做到条理性讲话。

会议发言突发情况应急策略

☑ "没有准备，突然被叫起来发言"时的口诀：好（问好）+谢（感谢，两个层次，一是谁让我们发言就感谢谁；二是现场谁的职位最高就感谢谁）+谦（谦虚）

☑ "别人快说完了，马上轮到自己时特别紧张"时的口诀：好（问好）+肯（对前面的人说的话表示肯定和赞同）+谦（谦虚）

☑ "开会时发言靠后，发现自己想讲的被别人讲完了"时的口诀：说实话+谈最深，找台阶+说观点。

如何轻松做好会议主持

☑ 会议开场时的"五字口诀":开+重+人+议+请(开场白
+重要意义+介绍参会人员+议程+依次请相关人员发言)

☑ 会议结束时的"四字口诀":总+启+望+结(总结+主持
人自己受到的启发+提出要求+感谢与散会)

第三章

竞聘演说

　　竞聘不同于其他当众讲话场景，是气氛紧张、压力巨大、目标指向很明确的一种特殊场合。 本章从竞聘整体发言的框架结构出发，依次讲述竞聘演讲的主体内容以及演讲过程中应该注意的细节，帮助你从宏观到微观，从整体到局部对竞聘演讲有更深层次的认识，从而实现自信开口、赢得评委和领导信任。

▓如何在竞聘演讲时自信脱稿

在竞聘演讲时怎样才能脱稿演讲、自信开口，把自己的能力和形象充分展示出来，赢得评委、领导和同事的信任？

○ 有关竞聘演讲的一些事

竞聘演讲不同于一般的公众讲话，目的性非常强——要说服评委、领导和同事，把票投给我们。因为目的性强，需求就特别旺盛。所以，竞聘演讲对于绝大多数人来说，紧张感会异常强烈，直接反映就是脱不了稿，或者忘词卡壳，无法展示自己的自信与风采。

在讲解公式之前，首先让我们来了解一下，有关竞聘演讲的一些事。

通常的竞聘演讲，一般要求的时间在 8 分钟左右。

按照一般人每分钟讲 180 字的速度，8 分钟可以讲 1500 字左右。如果让竞聘者完全依靠记忆，把 1500 字一字不落地记下来，难度非常大。更关键的是，竞聘不同于其他场合，是气氛紧张、压力巨大、目标指向很明确的一种特殊场合，竞聘者往往会带着沉重的心理包袱上台，可能评委、领导，甚至是同事的一个眼神、一个表情，或是现场的一个突发状况，都会让竞聘者产生巨大的心理压力，从而导致卡壳、忘词等，以至于无法将自己自信地展示出来。

所以，要想在竞聘演讲中，做到脱稿讲话、自信开口，关键是要对竞聘演讲内容的脉络、框架、结构或逻辑关系，有一个宏观、整体、全面的把握。比如，在 8 分钟内，具体讲哪几部分内容，时间如何来分配，先讲什么，后讲什么，每个部分有哪些具体的要素和关键环节，都要做到心中有数，这样才能为脱稿演讲奠定基础。

○ 竞聘演讲自信脱稿的"魔法公式"

下面结合比较常用的竞聘演讲稿，梳理一个发言框架思路，或者说是一个讲话"魔法公式"，并教你如何来分配好时间。

这个"魔法公式"包括"开场、主体、结尾"三部分。

第一部分：开场

开场，即演讲的开场白。这部分用时一般在 1 分钟左右，应该包括三方面内容：问好，自我介绍，铺垫。

问好：表示对评委和听众的尊重。

自我介绍：一般是介绍自己的个人信息，比如说哪个单位、处室，以及要参与竞聘的岗位。说这些是要让评委和现场听众对你有所了解。

铺垫：场面上的客套话。这种话看起来有点虚，但却实用。就像朋友间的闲聊，尽管很多都是废话，但是必不可少。这是帮助我们缓解讲话紧张情绪，营造和谐人际关系的重要方法。

举例：

各位评委、各位领导、各位同事，大家上午好。我是来自计划财务处的李青。我要竞聘的岗位是，计划财务处的副处长。非常感谢局领导给大家提供一个展示自我的平台。刚才听完其他同志的演讲，我是既紧张又高兴。紧张的是，大家都讲得这么好，自己感觉压力很大；高兴的是，为我们单位能有这么多优秀的同事，为自己身在这个优秀的团队中感到高兴和自豪。

在上例中，"既紧张又高兴"就是铺垫的话。如果在现场说出这样的话来，一定会给评委和听众留下真诚、自信、大方的良好印象。铺垫的话有很多，可以点评前面竞聘者的发言，谈谈自己受到的启发和收获；还可以谈自己在现场的感受，比如看到什么，听到什么，想到什么。总之，讲好铺垫能够很好地帮助我们顺利开场，为下一步讲话奠定基础。

第二部分：主体

主体，即演讲的主体内容。这部分用时应该在 5 分钟左右。

主体部分是竞聘演讲的关键内容，所占的比重最大，直接关系到演讲效果的好坏。这部分应该包括三方面内容：为什么，凭什么，干什么。

"为什么"，就是为什么来参加竞聘。换句话说，也就是竞聘者对职位的认识，对岗位的理解，自己的想法、初衷是什么。

这部分内容是一般人容易忽视的地方，因为相对比较虚，是形而上的东西，相当于谈"情怀"，一般人不太好把握。但也正是这个原因，"为什么"也是体现竞聘者水平，和其他竞聘者拉开差距的地方。关于如何具体来说"为什么"，如何把握好评委和领导的心理特点，有针对性地把"为什么"说到位，在后文会详细展开。在这里重点是帮助大家从框架、结构上进行了解。

"凭什么"，就是竞聘者的资历、资格，胜任岗位的条件。比如，你都做过什么成功案例，有哪方面的特长、优势，等等。评委和领导为什么要把票投给你，你得说清楚你的条件，这是打动他们的关键。

"干什么"，就是假如竞聘成功后，如何结合岗位职责开展工作，相当于自己的"施政纲领"。

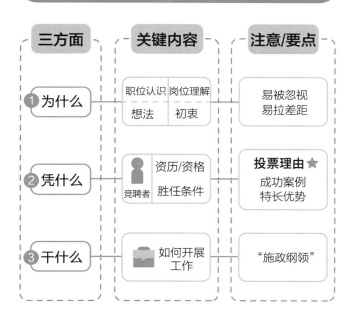

综上所述，这九字口诀"为什么，凭什么，干什么"，就构成了竞聘演讲的第二个部分——主体部分。

第三部分：结尾

这部分用时应该在 2 分钟左右。

结尾部分是掀起演讲高潮的部分。应该包括两方面内容：拉票，表态。

所谓"拉票"，就是请求评委、领导或同事认可自己，把票投给自己。前面讲过竞聘演讲不同于其他的公众讲话，目的性非常强——要说服评委、领导和同事，把票投给我们。所以，讲了半天就是为了要在最后的结尾部分，将拉票的请求提出来。毕竟参加竞聘的目的，就是为了要赢。所以，这部分一定得有。

所谓"表态"，意思是竞聘失败后准备怎么办。这是许多人在拉票时容易忽略的内容。因为竞聘有成功，必定也有失败，从评委和领导的角度来讲，都希望通过竞争上岗，选拔出人才，同样也希望落选者能调整心态，继续努力工作。所以，讲好"表态"，表明态度，一方面表现出竞聘者的谦虚谨慎，另一方面也表现出客观、理性、成熟的工作态度。所以，表态这个部分，也是必不可少的。

　　总结一下，让你在竞聘演讲时自信脱稿讲话的"魔法公式"，分成"开场、主体、结尾"三大部分。其中，开场有"问好，自我介绍，铺垫"；主体有"为什么，凭什么，干什么"；结尾有"拉票，表态"。

　　当我们对竞聘内容有了整体把握，再加上充分的准备，做到脱稿应该不难。其实，正确的演讲准备，不是逐字逐句地背演讲稿，而是应该"按点准备，带点上场，逐点展开"。这里的"点"，就相当于演讲框架、结构或大纲的高浓缩提炼，就好像是"拐棍"，能够帮助我们在竞争的气氛中、紧张的情绪中，稳住自己，自信自如地将自己表现出来。

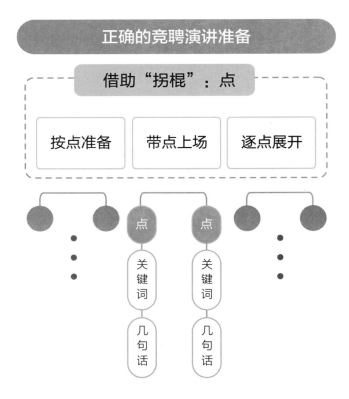

▓ 如何讲好竞聘演讲的主体部分

前面章节梳理了一个比较常用的，关于竞聘演讲的框架思路，包括"开场，主体，结尾"三个部分。下面将围绕主体部分的"为什么，凭什么，干什么"这个"九字口诀"进行庖丁解牛，做更详细的分析，帮助你掌握有效说服评委和领导的"三一二法则"，让你在竞聘的讲台上，说得更好，展示得更充分。

在讲"为什么，凭什么，干什么"的过程中，许多人都会这样认为：在竞聘演讲时把"凭什么"，就是自己的工作经历和优势作为演讲的重点。比如，我的能力如何强，我的证书如何多，我过去干的工作成绩多么好之类，希望以此来说服评委和领导。其实，虽然自身优势可以讲，但以此作为重点会有一些问题：

第一，参加竞聘的人很多，彼此的思路大同小异，都会谈工作经历和自身优势，缺乏特色，容易千篇一律、让人厌烦，导致无法从众多的竞争者中脱颖而出。

第二，在单位内部，绝大部分竞聘者的工作能力和水平都相差不多。谈自己的优势、能力水平以及和其他人的差别，出彩的难度很大。换个角度思考，在一个单位，如果有谁的能力超强，比其他人要高出很多，单位哪里还需要用竞聘的方式来发现人才，直接任命就好了。

第三，在单位上班时间久了，大家彼此熟悉、知根知底。在竞聘时大谈特谈自身优势，容易"用力过猛"、过犹不及，会让评委和领导觉得华而不实，有吹牛之嫌。

所以，把"凭什么"作为竞聘的主讲内容，并试图以此来有效说服评委和领导是有误区的。误区在哪？那就是没有换位思考，没有针对听众心理，进行深层次的分析和研判。

试想一下，如果你是单位领导，你最愿意下属在你面前谈什么？

每个领导可能想法都不相同，但有一点可以肯定，那就是——领导不会愿意听熟悉的下属，夸夸其谈自身优势，而且是听很多人都这样说；他们想听到具体、生动、有思想水平的内容。而这些内容如何体现呢？

○ 有效说服评委的"三一二法则"

想要体现竞聘者的水平，增强说服力，赢得评委和领导信任，你需要遵循下面分享的"三一二法则"。

"三一二法则"中的"三"

首先来看"三一二法则"中的"三"，这个"三"和主体中的"为什么"紧密相关。

前面讲过，一般人竞聘时容易忽略"为什么"这部分内容，因为比较虚，相当于谈"情怀"，不太好把握。许多人在谈为什么要竞聘时，往往会想到这么一句话：不想当将军的士兵不是好士兵。但是除了这句话之外，很难再谈出其他东西来。

在谈"为什么"的时候，关键是要站在领导的角度来看问题，要站在更高的格局、更宏观的视野来谈对岗位的认识。可以从三方面来展开。

一是有高度。比如竞聘学校图书馆馆长。如果说馆长的职责，仅仅是完成图书馆的日常管理工作，那是远远不够的，还应当上升高度——图书馆是学校提高教职员工和学生综合素质的阵地，是学校精神文明建设的主战场。对岗位的认识有了高度，才能抓住评委和领导的眼球。

二是要全面。比如竞聘一所学院的院长，既要认识到院长是学院发展和建设的带头人，是教学与管理的负责人等，也要认识到院长不仅是管理者、领头雁，更重要的也是服务者，要为师生提供更多的服务，比如创造更优良的工作环境、营造更和谐的氛围等。考虑得更加全面，尤其是如果能谈出别人谈不到的内容，那会很好地把竞聘者凸显出来。

三是有创新。即对大家所理解的原先的岗位职责，提出新的思想观点，或从不同角度提出自己的认识与见解，能够令听众耳目一新。

举例： 某人去竞聘某局办公室副主任，在谈到对岗位认识时，他说，办公室主要是服务：服务领导、服务同志。过去，我们一直在服务领导方面，花的心思多，用的力气多，在服务同志方面，做得还很不够。其实，我认为办公室首先是为同志们服务，其次才是为领导服务。因为把同志们服务好了，把各项工作的质量和水平提升了，把全局的整体工作提升到更高水平，这是为领导提供的最大的服务，最好的服务，最终的服务。

分析一下，这样一说是不是感觉有新意，让人觉得有真知灼见。

如果能围绕高度、全面、创新这三个方面谈出一些东西，相信肯定会引起评委、领导的注意。

"三一二法则" 中的 "一"

接下来，再来看"三一二法则"中的"一"，这个"一"和主体中的"凭什么"三个字紧密相关。

"凭什么"三个字，很好理解，就是竞聘者的资历、资格以及胜任岗位的条件。比如，过去都做过什么成功案例，有哪方面的特长、优势，等等。评委和领导为什么要把票投给我们，我们说清楚自身的条件和优势，这是打动他们不可缺少的内容。

在这方面，一般人都会讲得很全很好。这里要提醒你的是，要把握好一个关键点，那就是"匹配"。

什么叫"匹配"，意思是我们在说自己的优势条件时，必须要和竞聘的岗位职责要求相匹配，对应一致。

举例：

竞聘办公室主任，胜任这个岗位最重要的是协调能力要强，善于沟通，服务意识和服务水平要高，而如果我们在竞聘时大谈自己的文字能力有多强，自己是多么勤奋等，就不太精准，因为两者不太匹配。所谓"人岗相适"，选人最关键的不是选最好、最强的，而是要选最合适的。

竞聘财务处的领导，那业务能力就要强，你在介绍"凭什么"的时候，就需要把自己的业务能力、专业能力，很好地凸显出来，而如果你只谈自己的协调能力强、善于沟通，那是不够的。

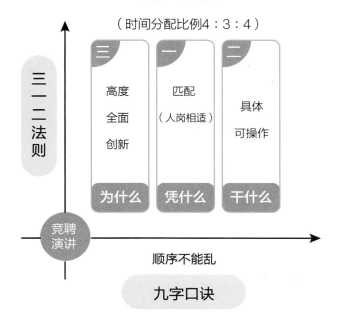

讲好竞聘演讲主体部分的技巧

"三一二法则"与"九字口诀"结合

主体一共5分钟

（时间分配比例4∶3∶4）

三一二法则

三	一	二
高度 全面 创新	匹配 （人岗相适）	具体 可操作
为什么	凭什么	干什么

竞聘演讲

顺序不能乱

九字口诀

"三一二法则"中的"二"

接下来，再看"三一二法则"中的"二"，这个"二"和主体中的"干什么"三个字紧密相关。就是竞聘成功后会如何做，谈具体的工作思路。在说这方面内容时，要注意两个细节。

在竞聘时，一般人都会谈具体如何做，这是体现自身实际能力的关键，是展示执行力，说服评委和领导的主要内容。因为大家都会说到，所以要注意把握好细节，只有细节说到位了，才能获得认同。要注意哪两个细节呢？

一是要具体。比如，说"竞聘处长成功后，我会带领处里同志努力工作、开拓进取，给单位交出一份满意答卷"，这算是表态，显得空洞。不如换成这样："如果我竞聘成功，我会带领处里的同志做好以下三方面工作：一是抓好工作计划，制定新一年的工作规划和任务分工；二是抓好工作落实，通过增加人力、物力、财力的投入，签订任务责任书，确保工作落实；三是抓好工作督查，对照工作标准，利用明察暗访等多种方式，强化工作督查。"这样就把空洞的表态说得更加具体，让人听了才有感觉。

二是要有可操作性。在单位内部的竞聘，我们提出来的工作计划一定要能操作落地，不能让评委和领导觉得我们是在夸夸其谈。讲的方案、内容根本无法操作，那叫"扯淡"。所以，可操作性一定要强，这样评委和领导才能真正地信服和接受。

在讲"为什么，凭什么，干什么"时，这三个部分的先后顺序不能乱。在竞聘演讲中，一般都是先讲"为什么"，再讲"凭什么"，最后讲"干什么"。同时，也要注意这三部分的时间分配，一般是4∶3∶4的比例关系，"凭什么"可以适当精简一些，重点讲"为什么"和"干什么"。

○ 做好现场演讲的"三大细节"

所谓细节决定成败。我们站在竞聘讲台上，评委、领导和同事相当于拿了放大镜在看我们，我们在台上的一举一动、一字一句，每一个细节的表现都会影响到他们对我们的印象。所以，处理好现场演讲和应对的细节，对于展示自己的能力和水平非常重要。

首先要注意的细节是：目光交流。

在竞聘现场，评委是比较看重竞聘者的交流意识的。所以，做好目光交流极其重要。一个人的自信，首先就体现在目光里，如果竞聘演讲时都不敢看评委，那评委是不可能给你打高分的。如何拥有并运用自信的目光呢？建议做到以下四点：

第一，如果你是读稿子，每当遇到一段话读完了，一定要注意抬头与评委进行目光交流。千万不能一口气读到底，要注意边读边交流。竞聘演讲最好能脱稿，如果实在脱不了稿，这时候的目光交流就显得尤为重要。

那什么是"一段话"？这里的"一段话"，可以是一句话，也可以是几句话，只要属于同一层意思，就可以算是"一段话"。这层意思讲完了，就必须要和评委们进行目光交流。

第二，如果我们演讲时还要放 PPT，那一定要注意将 70% 的时间用在与评委的目光交流上。许多人在讲台上，一旦有了 PPT，几乎就不太和底下的听众进行目光交流了。这是很糟糕的。PPT 只是起到一个辅助工具的作用，主讲者才是主角，千万不能让 PPT 成为主角。

第三，如果你是脱稿演讲，目光要做到"瞻前顾后，以点带面"。所谓"瞻前顾后"，意思是说会场前排的人是评委、领导，是相对重要的人，我们要和他们进行目光交流；后排坐的是同事、朋友或者其他人，虽然没有前排人重要，但是我们也要与之进行目光交流，不能顾此失彼，要照顾到全场。所谓"以点带面"，是指在照顾全场时，如果人多，我们做不到和每个人都进行目光交流，这时候可以通过看某个点的方式来代替某一片人。

第四，在竞聘演讲中，可能会有评委提问的环节，这时候我们不仅要注意与提问的评委进行目光交流，还要兼顾到其他评委。

以上这四点是目光交流要注意的几个细节。

其次要注意的细节是：心态调整。

在竞聘现场，能展示演讲者自信风采的，除了目光交流外，还有一个不可忽视的细节，那就是竞聘者心态的调整。

前面讲过，竞聘演讲不同于其他场合的公众讲话，对于绝大多数人来说，紧张感会异乎寻常。比如，有的人临上场时会特别紧张，尤其是上台后开口的刹那间，简直要崩溃了；还有的人全程一直都在紧张……这些表现背后的原因各有不同，但有一点是相同的，那就是忽略了心态的调整。

心态调整的方法有许多，西方行为主义心理学家认为，体态能影响心态。用体态调整心态的方法，最简便、最直接。中医也讲究内病外治，就是身体里面的病，要通过外在来进行控制和调节。

如何运用体态控制紧张情绪，发挥出自己的正常水平，给评委留下好的印象呢？建议你可以试试以下这五条：

第一，上场之前，深吸几口气，会明显感觉紧张感减轻。在本书第一章"有效控制紧张的四大方法"中讲过如何正确深呼吸，建议你一定要去尝试一下。

第二，上场的步伐，迈得轻盈有弹性，这样也能增强自信心。你可以去试一试。尤其是当你挺直腰杆走路时，会有种虎虎生威的感觉。

第三，站在讲台上演讲时，身体的重心要尽量落在前脚掌上，这样身体看上去会更加挺拔有力。

第四，如果是坐在椅子上演讲，那双脚一定要踏地，这时你会感到心里有底气。

第五，站稳或落座后，用目光与评委略作短暂交流后再开口，这样会显得沉稳，胸有成竹。

以上这五条，若能够做到位，不仅能给评委留下得体、从容的印象，还会因为心理上的放松，能使自己有超水平的发挥。

如何让体态控制好心态

站：重心落在前脚掌　与评委短暂
坐：双脚踏地　　　　目光交流

上场后
自信

开始前
沉稳

深呼吸
步伐轻盈有弹性
挺直腰杆

上场前
放松

最后要注意的细节是：应答策略。

竞聘是一种压力下的当众讲话形式，除了发表竞聘演讲外，还有可能面临评委、领导的提问。这时候，谁都不敢保证，面对提问都能快速反应，重点突出、条理清晰地应答。那面对提问，如果一时答不上来怎么办呢？下面介绍几种应答策略。

一是抛球法。即用谦虚的语气语调，礼貌地请教评委："抱歉，刚才您问的问题我没有听清楚，麻烦您再说一遍，好吗？"以此赢得更多的思考时间。

二是带球法。有时评委的问题很简短，你不可能听不清楚；还有的评委为便于竞聘者听清楚自己的问题，会主动将题目说两遍，这时的"抛球法"就会失灵，建议你使用"带球法"。"带球法"就是自己复述一遍刚才的问题。比如，"您好，如果我没理解错的话，您提的问题是……"自己复述时等于是在审题，同样可以赢得思考时间。

三是拍球法。就是从问题中的基本概念解释起，找到了问题的原点，只要不是过于难的问题，多数情况下基本概念会引出解答问题的灵感。

这三种应答策略，适用于我们在提问时一时紧张，想不起答题思路，用来做思维缓冲。如果确实回答不了，那又另当别论了。

应对评委提问的三种角度

抛球法　虚心地再请教一遍问题

> 抱歉，刚才您问的问题我没有听清楚，麻烦您再说一遍，好吗？

带球法　复述一遍问题

> 您好，如果我没有理解错，您提的问题是……

拍球法　解释基本概念→引出灵感

本章要点总结

让你竞聘演讲时自信脱稿的"魔法公式"

☑ 竞聘演讲的"魔法公式",包括"开场,主体、结尾"三部分。

☑ 开场,即演讲的开场白,用时一般 1 分钟左右,包括"问好,自我介绍,铺垫"三部分内容。

☑ 主体,是竞聘演讲的关键内容,所占比重最大,用时一般在 5 分钟左右,包括"为什么,凭什么,干什么"三部分内容。

☑ 结尾,是掀起演讲高潮的部分,用时一般在 2 分钟左右,包括"拉票、表态"两方面内容。

讲好竞聘演讲主体部分的"三一二法则"

☑ 在谈对竞聘岗位的认识(为什么)时,要注意三个方面:一是有高度,二是要全面,三是有创新。

☑ 在谈自己的条件和优势(凭什么)时要把握好一个关键点:匹配。必须和岗位职责的要求相匹配,做到"人岗相适"。

☑ 在谈竞聘成功之后会如何来做，以及具体的工作思路（干什么）时要注意两个细节：一是要具体，二是要有可操作性。

做好现场演讲的"三大细节"

☑ 目光交流：不管是读稿、脱稿，或是讲PPT、回答问题，都要和评委、领导和同事等听众进行目光交流，这是展现自信的前提。

☑ 心态调整：学会用体态来影响心态。可以运用深呼吸，步伐轻盈有弹性，双脚踏地，将身体重心落到前脚掌上等方法。

☑ 应答策略：适用于一时紧张，想不起答题思路的情况，可以用来做思维缓冲。具体有抛球法、带球法和拍球法三种方法。

第四章

汇报工作

本章主要是为了帮助你，既能干得好，也能说得好；在给领导汇报工作时，能够汇报到位，更好地赢得领导的信任。

▓如何做好汇报的准备工作

在机关给领导做一次高质量的汇报，前提条件是要想清楚一些关键问题，并在此基础上做好精心准备。

怎么才能汇报到位呢？送给你六个字：想清楚，说明白。具体说，就是在汇报之前，一定要想清楚汇报内容，只有想清楚了，汇报时才能说明白。许多人之所以汇报不到位，最根本的原因就是没有想清楚，尤其是对一些核心问题、关键环节，看似明白，其实糊涂，导致汇报时，领导一旦问到关键处就张嘴结舌、漏洞百出、狼狈不堪。

怎么才算是想清楚呢？汇报之前，到底要想清楚哪些问题，精心做好准备呢？下面就围绕"想清楚"来谈一谈五个方面的问题。

○ 注意调整心态

有的人害怕汇报，尤其是给单位主要领导做重要汇报，经常担心自己说不好会被对方批评，所以很容易产生紧张情绪；还有的人一心想要出彩，想通过汇报工作给领导留下好印象，这样容易给自己带来沉重的思想负担。

过于担心，过于看重汇报，这都属于不良心态，都会影响汇报的正常发挥。"战略上藐视敌人，战术上重视敌人"，非常适用于给领导汇报工作。在战略上要藐视，就是说要有一颗平常心，让自己淡定从容；在战术上重视，指的是要做好充分准备，不打无准备之仗。当我们把心态调整好了，才能在汇报时发挥正常水平。

○ 选择汇报时机

汇报时机，就是什么时候去给领导汇报。这里提醒你在给领导汇报前要考虑四个因素：一是领导现在忙不忙；二是心情怎么样；三是对一些特别重要的工作，必须当面给领导说清楚的内容，提前和对方预约汇报的时间和地点；四是日常工作尽可能定时汇报。比如我每周一上午上班 1 小时后，都会给领导汇报本周的工作计划，对方也习惯于此，这样尽可能使汇报程序化。

除了上述四个因素外，再送给你三个数字：1%，50% 和 100%。这也是选择汇报时机的关键节点，因为这些节点通常是领导最想听汇报的时候。

1% 指的是工作刚开始时。比如，领导安排你写一篇讲话材料。接到任务后，你首先应该把文章的提纲想清楚，列出来，然后给领导汇报，让对方确认。不要小看这 1%，"开始"这个步骤非常重要。

许多人领到任务后埋头就写，忙活半天，非常辛苦，但写完交给领导后，对方说材料框架有问题，需要推倒重来。那时候，可能想死的心都有了。

50％指的是工作进行到一半时。比如，某项工作任务比较重，时间延续长，可能需要一两个月才能完成。当完成 50％工作量的时候，你应该主动去给领导汇报，让对方心里有底。否则，对方会有不安感，会不踏实，尤其控制欲较强的领导更是如此。

100％指的是当工作结束时。这一条不需要做过多解释，当领导布置的任务完成了，肯定得给对方汇报。这是在机关工作的基本要求。事情不论大小，只要是领导交办的事，都应该件件有回应，事事有着落。

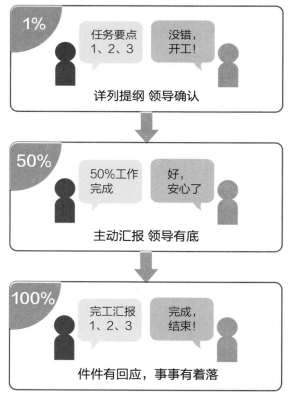

○ 熟悉领导类型

这个问题很有意思，也很现实。不同的领导，他们的个性特点、气质风格都不相同，这些都直接决定了下属的汇报形式。比如，有的领导比较敏感，控制欲强，注意细节，向这样的领导汇报工作，就要有条理，按顺序铺开，具体的过程和细节都不能漏掉；有的领导注重整体，善于宏观把握，向这样的领导汇报工作就要选择要点，简明扼要，少说过程，让对方一下子抓住要害；有的领导属于专制型风格，向这样的领导汇报的频率就要高些，要经常请示汇报；有的领导属于放任型风格，向这样的领导汇报工作次数就要少些，只要不牵涉大局，一般不要汇报过于具体的事项，否则领导可能会觉得你能力不行，难当大任。还有，对越基层的领导，汇报就应该越具体；越高层的领导，汇报应该相对更宏观一些。再有，对分管领导，汇报就要更加翔实；

对其他领导，汇报可以相对简略。

千人千面，要怎么来做呢？关键是平时要多留心留意，注意了解和熟悉不同领导的个性特点和气质风格，这样才能在汇报时做到因人而异、有的放矢，让对方满意，从而获得理解和支持。

○ **掌握汇报时长**

汇报时长，就是指汇报多长时间。我的经验是在讲清楚的前提下，删繁就简，越短越好。因为越是领导，时间越是宝贵。职场当中有个"30秒电梯法则"，经常在世界500强企业里运用。意思是，在和领导一起坐电梯的30秒之内，必须把一项工作汇报清楚。

在机关工作，可能不需要那么绝对，但尽量压缩时间也是应该的。能用2分钟说清楚，绝对不要拖成2分半钟。要时刻提醒自己注意时间原则，在做汇报准备时，要提前演练并掐算一下时间，做到心中有数。

○明确汇报内容

这一条是最核心的问题，就是在给领导汇报时到底应该说什么内容。一个成功的汇报，需要包括三方面要素：**观点、事实、建议**。

观点，是要汇报的核心思想；事实，是证明观点的论据；建议，是基于观点、事实，建议对方要采取的行动。关于"观点、事实、建议"具体如何来说，后面会有详细的介绍。

汇报的本质就是要通过对一系列事情的说明、分析，让对方了解事情的来龙去脉，并且从事情的背后找出问题本质，得出规律性的结论，形成科学的决策意见，供领导选择。所以，要想汇报到位，前提是只有把上述问题都想清楚了，才能为下一步的"说明白"奠定基础。

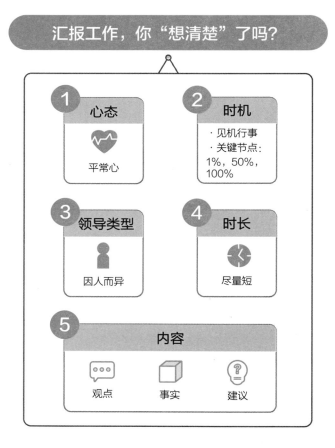

汇报工作，你"想清楚"了吗？

1 心态
平常心

2 时机
· 见机行事
· 关键节点：
1%，50%，
100%

3 领导类型
因人而异

4 时长
尽量短

5 内容
观点　　　事实　　　建议

▉给领导汇报工作的"结构阵型"

前面讲了要想汇报到位，必须"想清楚，说明白"，那具体怎么做才能"说明白"呢？下面从汇报的开头、结尾、主体三个部分分别谈起，向你介绍给领导汇报工作的"结构阵型"。

○ 汇报工作，开头怎么说

一是以领导的要求开头。

举例：李主任，上次您要求从全市农村环境卫生建设的软件和硬件两方面入手，写总结材料。现在写完了，给您汇报一下。

这样开头，一方面可以帮助领导回忆，另一方面显得对领导要求重视。

二是满足领导的时间预期。

举例：张部长，我有两件事想跟您汇报一下，估计要用 3 分钟，您看现在方便不？

这样做的目的是让领导有明确的时间预期，此时就算很忙或者说心情不好，一般也不会轻易拒绝，因为时间是可控的。而且在这段时间内，对方往往会耐下心来听我们汇报。

○ 汇报工作，结尾怎么说

一是要有请示及表态。

举例：李主任，您看这篇材料还有什么地方需要改进或者完善，我利用周末时间再进行修改，周一上午一上班交给您。

这样结尾：一方面征求领导新的意见或要求，以示尊重；另一方面对领导的要求当场表态，可让对方放心满意。

二是替领导做好总结。

即汇报结束时，快速地做一番总结，将领导的要求、意见进行归纳。

举例：李处长，刚才您提了……几点要求，回去我立即执行，您看我理解得对不对，还需要再做什么？

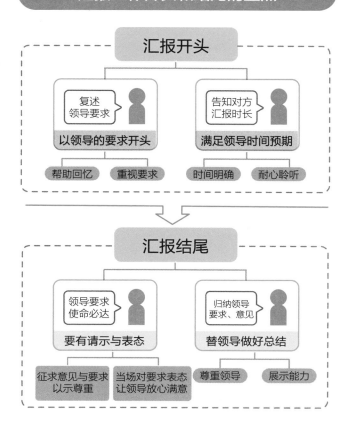

这样做，一方面体现对领导的尊重，另一方面可以展示我们的能力。

○ 汇报工作，主体怎么说

前面讲过汇报内容的主体有六个字：**观点、事实、建议**。下面，就来详细地解释。

观点

在汇报过程中，讲好"观点"有两个要求：一是要简明扼要，二是要在汇报时先说。

举例：

小李就推迟召开××专题会的事向领导汇报。他说："王处，因为过几天就要开全国两会了，我和市领导的秘书们对接了，他们说领导们最近都没时间，而且主要领导还要提前去北京。还有，专题会的准备工作还没到位，特别是材料这块，还需要再完善。再有，就是省上说关于××工作可能3月底会出台新的文件……"

这时候，王处长不耐烦地打断他："不要啰唆，你到底想说啥？一点逻辑性都没有……"

在这个例子中，小李的观点是"要推迟会议"，这需要在汇报的开始就说清楚，然后再说理由。

举例：王处长，关于××专题会，我建议推迟到3月底再开。理由有三个：一是市领导没时间，我和秘书们对接了，他们说领导们最近都忙，而且主要领导要提前到北京开两会；二是准备工作还没到位，特别是材料这块，还需要再完善；三是省上可能会出台新文件，我和省上沟通了，他们说关于××工作可能会有最新要求。您看怎么定？

事实

事实，就是证明观点的论据。如果在汇报的过程中，只有观点结论，而没有支撑结论的论据，那领导听完可能会半信半疑，打不定主意。

举例：

我原来的一位老领导曾经说过，原先单位某中层领导经常在他面前评价他的属下，让他不太满意。因为对方在评价时都是一些形容词，比如××能力不行，××不善沟通等，但很少讲具体事例。听完汇报后，他往往觉得对方是带着情绪、带着主观色彩汇报，不客观。

在说事实的时候，有什么要求呢？要求是具体翔实，有案例支撑，有详细数据，有细节展示。只有对观点加以印证，才能让对方接受我们的观点。

列举数据是"说事实"非常重要的方法，这里重点讲一讲列举数据时要注意的地方。比如，汇报时许多人由于吃不准情况，会出现"大概""可能""估计""也许""差不多"此类的词，很容易给领导留下"工作不踏实，说话不严谨"的印象，所以一定要避免说这些词。要么不说数据，如果说就一定要避免模模糊糊、犹犹豫豫和模棱两可，要表现得信心十足。此外，在使用数据时，不能只是简单罗列。

举例：

我的一位朋友在某机关做官方微信公众号内容编辑，在给领导汇报上年度工作时，他说："2019年，我先后写了 100 篇文章，平均阅读量 6 万。其中，40 篇阅读量达到 10 万+，1 篇文章有 2000 多人次转发……"

我给他提示："一篇文章有 2000 多人次转发是什么情况？是'好'还是'特别好'？得解释清楚。如果汇报只是单纯地列举数据，那意义不大。"

后来，他按照我的提示把稿子改成了这样："一年来，我先后写了 100 篇文章，平均阅读量 6 万。其中，40 篇阅读量达到 10 万+。按照目前微信公众号的平均打开率 5% 计算，我们后台粉丝有 100 万，每篇文章的阅读量基本在 5 万左右。所以，如果把 5 万作为合格标准的话，我的文章平均阅读量达到合格

标准；如果把阅读量 10 万+作为优秀的话，我 40%
的文章达到优秀标准。在业内，一篇文章如果有 300
人次转发就算成功，而我有一篇文章曾经有 2000 多
人次转发……"

这样汇报，感觉立马就不一样了。所以说，运
用数据要做到两点：一是要有解释，就是我们运用
的数据，它的标准、内容是什么，要说清楚，否则
外行人根本听不明白；二是要有比较，横向的、纵
向的、单位内部的、单位外部的，只有通过这样的
比较才能更好地展示数据背后的意义。

建议

建议要做到两点：一是要有针对性，指提出的
建议是针对前面事实、观点的，是结合实际问题而
提出的；二是要有可操作性，指建议是可行的，是
能实际操作的，否则建议就根本没有什么意义了。

建议，是体现能力和水平的关键。汇报时把观
点、事实都说清楚了，这相当于为下一步提出建议

做好了铺垫，而"建议"相当于最后的临门一脚。所以，只有把建议说明白，并被领导采纳，这时候汇报才算完整而成功。

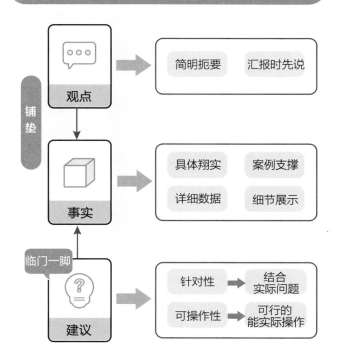

▓如何让领导爱听你的汇报

让领导爱听你的汇报，前提是要去分析领导想听什么，在此基础上努力使你的汇报更有针对性，尽可能地做到有的放矢、精准汇报，把话说到领导心里去。

下面，结合机关5种常见的汇报类型，逐一进行拆解分析，指明常见问题，提供应对之策，帮助你在给领导汇报时更有针对性、更加精准。

○ 日常性汇报

日常性汇报，是很常见的场景，比如我所在的单位，每周一上午10点都要召开工作例会，会上每个人都要汇报上周工作进展和本周工作计划。这种形式已经固定下来，成为惯例。

　　这种日常性汇报，容易犯的错误是：因为习以为常，所以就不够重视。有的人甚至根本不做任何准备，往往是到了开会前 3 分钟或是坐到会议室里，才开始想具体的汇报内容。

　　这里讲个经典的案例，名字叫作"三个嗯，一个还有"。

　　开例会时，一些人在会议开始之后，才在本子上草草写出几条，然后就照着读。有的人会这样说："嗯，我上周写了一篇领导讲话材料，完成了××专题会议的会务准备；嗯，还配合张老师做了支部的一些事；还有就是我还做了单位网站相关内容的更新。嗯，就这样了。"

　　"三个嗯，一个还有"实际上就是流水账。更要命的是，这个流水账还记得不全、不清楚。如何避免这种情况？关键是要提前准备，充分准备。比如，我参加单位的例会，因为是每周一上午开，我会在开会前抽出半个小时，把上周的工作对照领导的要

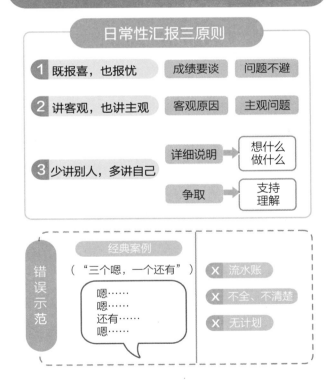

求，对照自己的工作职责，然后结合工作日志，进行归类梳理，接着再把存在的问题和下一周的工作打算写下来。

在具体汇报时，我会遵循三个原则：一是既报喜也报忧，工作成绩要谈，问题也不避讳；二是既讲客观也讲主观，就是在讲问题时，除了讲客观原因外，自己主观的问题也要讲；三是少讲别人多讲自己，尽可能说得细一些，让领导和同事了解我在想什么、做什么，以争取支持和理解。

○ 传达性汇报

传达性汇报，就是将有关信息传达给领导。比如，你代表领导去参加了某个会议，回来后要主动找领导汇报会议的相关情况，让领导掌握会议精神，落实会议要求。

这种汇报，容易犯的错误是：汇报不及时或者给领导传达汇报不到位，从而导致领导不能准确地接受工作指令，耽误工作甚至工作出现偏差。

如何来解决呢？我的经验是：在给领导汇报之前，要注意厘清关键性要求。所谓"关键性要求"，就是指上级提出的"要上交××材料，要召开××会议，要完成××任务"之类可以量化的关键要求，要把这些信息及时汇报给领导。至于会议上的客套话、无关紧要的东西可以去掉，不能出现参加1小时的会，回来给领导传达会议精神也讲1小时的情况。此外，这种汇报不能加入个人的主观色彩，要客观转述，让领导得到原汁原味的东西。比如，会上领导讲话提了四条原则性要求，不能回来汇报时只讲三条。

○ 阶段性汇报

阶段性汇报，是领导安排的工作已经完成了一部分，领导想知道动态进展，需要听取我们的汇报。

这种汇报，容易犯的错误是：大多数人会说前期已经做过的工作，比如自己是如何做的，这其中有多么辛苦，有许多困难是如何克服的等，这些都属于"过去时"——已经做过的工作。但是对"现在时"——工作目前进展得怎么样了，以及"将来时"——后期工作如何开展，没有思想准备或者准备得不充分，从而导致领导不满意。

如何解决呢？我的经验是：要多说"现在时"和"将来时"，少说"过去时"。要把汇报重心放在下一步的工作计划和打算上，这是领导最想听的内容。尤其是关于下一步工作，因为我们是具体的办事人，所以应该比领导有更多感性和理性的认识，这时在汇报中可以给领导提示下一步的工作路径及每个路径的优缺点。如果能把这些讲清楚，那领导肯定会对你刮目相看。

○ 总结性汇报

总结性汇报，是领导安排的工作已经完成了，从总结经验的角度，给领导汇报。比如说上级领导到下属单位视察，单位要给对方汇报工作经验等。

这种汇报，容易犯的错误是：汇报之前，一般会提前写好稿子，会场上给领导逐字逐句地念稿。如果听汇报的领导脾气好，还有耐心听；而有的领导脾气急会随时打断，让你简单地说，这时就会出现尴尬，也会出现离开稿子不会汇报的情况。

那如何来解决呢？我的经验是：要准备两个版本，一个是详细的文字汇报版本，另一个是口头汇报的提纲版本。两个版本相互补充，各有侧重。文字版可以详细一些，把完成的情况、工作过程、碰到的问题及解决办法、成功经验都讲清楚；而口头汇报则侧重于条块、结构及关键问题的汇报。如果领导感兴趣会看具体的文字材料，如果不感兴趣，也不会出现被打断后不会脱稿汇报的情况。

○ 突发性汇报

突发性汇报，是在工作中遇到某些突发事件时，事先没有预料到的汇报。比如，本来按部就班地在做某项工作，这时候上级突然发了通知，要求这项工作提前完成，并且相关要求也发生了变化。这时候需要给领导及时汇报，以便对工作进行调整。再比如，工作中出现了重大失误，或者造成了重大损失，这时候就必须做突发事件的汇报。

这种汇报容易犯的错误是：汇报不及时。因为种种原因，没能在第一时间给领导汇报，从而造成工作失误。或者是汇报时没有想好应对措施，把问题推给领导，容易引起对方反感。

那如何解决呢？我的经验是：从汇报时间的角度来说，如果工作进展与事先计划的出现重大偏差，应该第一时间向领导汇报。此外，因为事发突然，所以汇报人容易慌张，人一旦慌张，就容易出现混乱。所以在汇报前，要想清楚，尤其是想清楚补救措施。汇报过程中要少记流水账，直击关键问题，把症结说清楚。

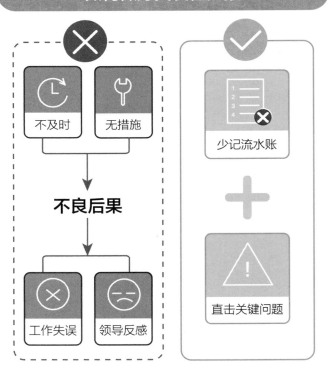

本章要点总结

如何做好汇报的准备工作

☑ 注意调整心态：战略上藐视，要有一颗平常心，淡定从容；战术上重视，做好充分准备，不打无准备之仗。

☑ 选择汇报时机：时间上选择领导不忙时、心情好时，有些工作定期汇报，重要工作提前预约汇报时间。

☑ 熟悉领导类型：要注意了解和熟悉不同领导的个性特点、气质风格，做到因人而异、有的放矢。

☑ 掌握汇报时长：删繁就简，只要能说清楚，越短越好。

☑ 明确汇报内容：要包括三方面要素——观点、事实、建议。

给领导汇报工作的"结构阵型"

☑ 汇报开头：一是以领导的要求开头，二是满足领导的时间预期。

☑ 汇报主体：讲好"观点、事实、建议"六个字。观点，要简明扼要，汇报时要先说；事实，要具体翔实，有数据有细节；建议，要有针对性和可操作性。

☑ 汇报结尾：一是要有请示及表态，二是替领导做好总结。

如何让领导爱听你的汇报

☑ 日常性汇报：既报喜也报忧，既讲客观也讲主观，少讲别人多讲自己。

☑ 传达性汇报：注意厘清关键性要求，少加入个人主观色彩，强调客观转述。

☑ 阶段性汇报：多说"现在时"和"将来时"，少说"过去时"。

☑ 总结性汇报：准备两种版本，一种是详细的文字汇报，另一种是口头汇报的提纲。

☑ 突发性汇报：立即汇报。汇报时，少出难题，多出办法。

第五章

餐桌礼仪

　　本章是为了帮助你，在餐桌上，在接待应酬过程中，自信得体地开口说话，更好地活跃气氛，表达自己的心意，让客人既能吃好喝好，也能够说好听好。

▦讲好祝酒辞的方法

在正式的宴请招待开始前，往往需要主人讲上一段话，表示欢迎、问候、感谢之意。那该怎么来讲好这段话，以达到增进彼此感情，烘托现场气氛的作用呢？下面就教你讲好祝酒辞的方法。

久久小贴士

祝酒辞是在酒席宴会的开始，主人表示热烈欢迎、亲切问候、诚挚感谢的应酬之辞，是招待宾客的一种礼仪形式。祝酒辞其内容以叙述友谊为主，一般篇幅短小、文辞庄重、热情、得体、大方，是很流行的一种演讲文体。

在机关的正常公务接待中，祝酒辞就是在酒席招待开始前，由领导代表本区域、本部门所讲的一段开场白。这段开场白看似简单，但想要讲好讲到位，那是很需要方法和技巧的。下面，分两种情况向你介绍具体的方法。

○ 提前知道，有所准备

提前知道自己要讲祝酒辞，这种情况下可以提前做好准备。一般用在相对正式、重要的场合。比如，外地的客人来指导考察，我们要准备一次正式的宴请，这时候就需要讲上一段祝酒辞。那怎么准备呢？

方法很简单，记住"场+益+举+祝+干"五字口诀就可以。

"场"：点明场合，表达欢迎的意思；

"益"：就是举办本次宴请的意义、目的和好处。

"举"：提议举杯；

"祝"：送出祝福。

"干"：干杯。

下面，模拟一个场景，讲一个完整的例子。

祝酒辞五字口诀

（适用于提前知道，有所准备的场合）

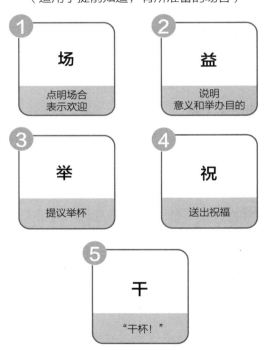

模拟场景

今年是你大学毕业 20 周年，你作为牵头组织者准备搞一次聚会，在聚会开始前，需要讲上一段话。

各位老师、同学，大家好！欢迎大家在百忙之中抽出时间，来参加我们毕业 20 周年纪念活动。(这是第一个字"场")

举办这次活动，主要有三个目的：第一，是为了纪念我们逝去的青春。20 年前，我们都是青春年少，为了理想，我们奋发图强、激昂向上、携手同行，用美好青春书写一抹最绚丽的人生色彩。第二，是为了重拾过去的友谊。20 年前，我们有缘从五湖四海相聚到北京，在那难忘的 4 年岁月中，我们共同学习，一起成长，彼此结下了深厚的友谊。这段友谊是我们人生当中最为宝贵的财富。第三，是为了展望美好未来。20 年前，我们是青春年少，20 年后，我们是中流砥柱。尽管肩负家庭与事业的重担，但我们对未来始终充满向往，我们坚信未来会更好！(这是第二个字"益")

各位同学，让我们举起手中的杯子。（这是第三个字"举"）

首先，祝福我们的母校越来越好，我们的老师健康长寿！其次，祝福所有的同学们身体健健康康，事业越做越大，生活幸福美满！最后，祝我们的友谊地久天长。（这是第四个字"祝"）

干杯！（这是第五个字"干"）

有时候为什么讲不好祝酒辞，或者说讲不到位，主要是因为"益"和"祝"这两个字没讲到位，这两层意思没有充分展开，导致气氛没有挑起来。所以，如果今后有机会在正式场合讲祝酒辞，一定要在"益"和"祝"两个字上下功夫。

○ 临时应酬，没有准备

有时候参加一般场合的应酬，会临时被叫起来讲几句，自己没有任何准备。这时候怎么说？

方法也很简单，记住"高+谢+祝"三字口诀就可以。

祝酒辞三字口诀

（适用于临时应酬，没有准备的场合）

		简易版	升级版	变化版		
高	😆 高兴	×1	×3	×2	×3	×1
谢	🤝 感谢	×1	×3	×2	×2	×2
祝	♡ 祝福	×1	×3	×2	×1	×3

"高"：高兴，表达自己的心情；

"谢"：感谢，表达自己对大家的谢意；

"祝"：送出祝福。

举例：

你去参加朋友们的聚会，被叫起来讲几句。

各位朋友，大家好！我非常高兴参加今天的活动，特别是看到这么多很长时间没有见面的老朋友，心情非常激动。**(这是第一个字"高")**

感谢大家过去对我的照顾和帮助，没有你们，就没有我的今天。在这里，我向大家表示我最真挚的谢意。**(这是第二个字"谢")**

借此机会，我祝福在场所有的好朋友们身体健康、万事如意、生活美满、家庭幸福！来，干杯！**(这是第三个字"祝")**

"高+谢+祝"是在没有准备的情况下，临时用的祝酒辞口诀。这个公式相对五字口诀更加简单，也更加实用。此外，在一些场合，如果觉得这样说过于简单的话，还可以运用它的升级版，叫作"高高高+谢谢谢+祝祝祝"。

比如还是刚才的例子。

举例：

各位朋友们好！见到大家很激动。我先讲我的三个高兴。第一个高兴，听说朋友张三最近被提拔了，到了新岗位，替他高兴；第二个高兴，是李四把自己的女朋友也带来和大家见面，女朋友这么漂亮温柔，我替李四兄弟高兴；第三个高兴，是今天我们同学能来这么多，这么给我面子，我感到特别高兴。(这是"高高高")

接着我再讲讲我的三个感谢。第一个感谢，感谢李飞兄弟今晚找了这么好的聚会地方，环境好，离大家又近；第二个感谢，上次我母亲生病住院，感谢在座的好多朋友们去看望；第三个感谢，感谢兄弟们平时在工作中给我的帮助和支持。(这是"谢谢谢")

最后，我再啰唆送三个祝福。第一个祝福，祝大家在工作中，都能芝麻开花节节高，一年更比一年好，都早日被提拔；第二个祝福，祝大家在生活中能够诸事顺利、生活美满、家庭幸福；第三个祝福，祝我们兄弟姐妹之间的感情天长地久，越来越好！(这是"祝祝祝")

如果能这么讲，相信现场气氛肯定能挑起来。

当然，如果觉得这个公式复杂，还可以说"二二二——两个高＋两个谢＋两个祝"，或者说"三二一——三个高＋两个谢＋一个祝"，再或者说"一二三——一个高＋两个谢＋三个祝"，即根据现场的需求，随时对"三三三——三个高＋三个谢＋三个祝"进行变换调整，更好地加以应对。

▓如何通过给领导、同事敬酒表达诚意

在餐桌上免不了要给领导、同事敬酒，此时该如何表达我们的诚意呢？下面，就分享一下给领导、同事敬酒时说话的方法。

○ 给领导敬酒的表达方法

给领导敬酒时，有三种表达方法：

感谢式

主要是"谢+心+祝"三个字。"谢"表示感谢，"心"表示心情，"祝"表示祝福。

举例：

张主任，真的要感谢您，要不是您的关心照顾，上次我做××项目时肯定不会那么顺利，一直想找个机会向您当面说声"谢谢"，今天正好有这个机会，

祝您今后能够工作顺利、身体健康、家庭幸福。您随意，我喝完。

赞美式

主要是"赞+心+祝"三个字。"赞"表示赞美，"心"表示心情，"祝"表示祝福。

举例：

王科长，我来敬您杯酒，一直想向您当面请教如何当好会计。上次要不是您发现财务报表里的一处错误，我们科真要出大事，单位可能也要损失不少。大家都夸您心细、认真，而且愿意帮助人，大家都想跟着您干。祝您今后事业能够更上一层楼。您随意，我喝完。

表态式

主要是"表+心+祝"三个字。"表"是表态，"心"表示心情，"祝"表示祝福。

举例：

刘书记，我来敬您杯酒，在您手下工作，我学到了不少东西；同时也很惭愧，经常会犯错误，还请您多多担待。在这里，我向您表个态：从今以后，我一定认真工作、勤奋努力，不辜负您的培养和期望。借今天的酒祝您今后事事顺心、万事如意，也希望我们单位在您的领导下，各项工作都有新的突破！您随意，我喝完。

在上述三种给领导敬酒的表达方法中，只是第一个字不同，其他都一样。无论是感谢式、赞美式或是表态式，在运用其中的"谢""赞""表"时，一定要具体，不能空泛，要让对方感受到我们的真心诚意！

另外，建议敬酒时一定要减轻思想顾虑，不能因为不会说话而不去敬酒，那样会非常被动，而且自己也会很难受。酒桌上最害怕的是什么——冷场，最需要的是什么——气氛，和领导一起喝酒，最好能主动敬酒。上述三种敬酒时的表达方法，可以轮番使用。

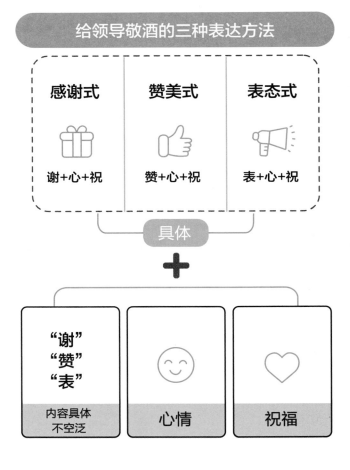

○ 给平级的同事（朋友）敬酒的说辞

给平级的同事（朋友）敬酒时，该如何表达？

在酒桌上，给平级的同事（朋友）敬酒的总体原则是：找原因，送祝愿。即在敬酒时找一个敬酒的由头，找一套说辞。具体可以这样来找：

谈缘分

举例：赵老师，俗话说有缘千里来相会。今天能和您坐在一起喝酒，真是缘分！来，为这个缘分，我敬您一杯！

谈感谢

举例：赵老师，所谓"听君一席话，胜读十年书"，您刚才教给我的方法真是让我醍醐灌顶，给我不少启发。谢谢您的指教。来，我敬您一杯。

会赞美

举例：赵老师，您今天穿的衣服真好看，和您的身材特别般配，能告诉我在什么地方买的吗？来，为您的衣服，我敬您一下！

喝酒需要理由吗

干杯！喝呀！
随便都是理由

谈 缘 分

谈 感 谢

会 赞 美

现 挂 法

找 特 殊

谈 意 义

找 共 同

现挂法（抓取现场看到的、听到的、想到的元素）

举例：赵老师，我刚才听您说您老家是山东，太巧了，我的祖籍也是山东。尽管我在武汉出生，但我爸爸从小就在山东长大，年轻时当兵才转业到武汉。我俩应该算是老乡了。来，为我们都是山东人，我敬您一下！

找特殊（即找到敬酒对象身上与众不同的特点）

举例：赵老师，今天您是"万绿丛中一点红"，现场就您一位女士，而且学问又高，身材又好，您绝对是我们现场所有人心目中的女神。来来来，我一定要再敬女神一下！

谈意义

举例：赵老师，我再敬您一杯！这杯酒对我来说，意义非同一般。今天您来参加活动，真是出乎我的意料。一直想找个机会向您当面请教，但一直没时间，您的工作也特别忙。今天总算实现了这个愿望。为我的愿望实现，敬您一杯。

找共同（找到彼此双方的共同之处）

举例： 可以从很多方面找共同，如：同学、同事、同乡、同籍贯、同属相、同姓氏、同名、同年龄、同生日、同星座、同年代、战友、校友、同行业、同工作、同职位、同观点、同兴趣爱好、同样戴眼镜、都是双眼皮……

如果按照上述共同点，我们想敬别人 10 次酒，每次都会有不同的理由！

你还可以一鼓作气将上述几种方法合在一起运用。

举例： 赵老师，今天第一次见您，也是缘分。在我心目中，一直把您当我的偶像。但是今天见到真人，我发现自己错了，我应该把您当女神。您不仅学识好、身材好，更重要的是脾气好、人品好。所以，为了我心目中的女神，今天我一定要敬您三杯。

如果能把上述这些方法运用自如的话，相信在酒桌上，你和平级的同事（朋友）之间一定会相处得尽兴，现场气氛也一定会很热闹！

▓做好餐桌接待的"六个细节"

餐桌上的接待是一项"系统工程",包括诸多细节,只有把所有细节都做好了,做到位了,接待才算是圆满成功;否则,就有可能留下遗憾。

下面结合餐桌接待所涉及的几个主要方面,谈一些具体的细节。

○ 点 菜

说到点菜,你是不是头疼?点菜真是门学问:几凉几热,口味搭配、颜色和谐,荤菜、素菜,硬菜、软菜,特色的、家常的,辣的、不辣的,等等。想要点好一桌菜,确实要照顾到方方面面,很不容易。

这里告诉你一个相对简单实用的方法:善于借助他人的力量。你可以提前到达餐厅,告诉服务员用餐人数、预算、口味等,请她们帮忙点菜,因为服务员一般都比较有经验；如果不行，再请教大堂经理。我在实践中经常这么做，屡试不爽。如果忙，去不了餐厅，那就请他们帮忙把菜点好后，将点菜单直接发给你。

这其中，有一个关键环节需要注意，那就是在点菜时要留意点上 1～2 样特色菜，并且问清楚服务员这些特色菜的来头和讲究。上菜后，你可以现场给大家介绍，让大家吃出品位、吃出文化。这是让我们在点菜环节脱颖而出很重要的一招。

○ 入　座

到了现场后，首先是要确定主座，然后招呼领导、同事（朋友）入座。这时候，如果搞不清楚座位顺序，怎么办？我的经验是：你可以暂时不表态，让大家自然入座，自己可以去招呼服务员上茶水。如果此时出现问题，现场肯定会有人纠正。最后，你再给自己找一个稳妥、合适的座位。

○ 敬　酒

关于敬酒辞的内容，前文已经讲过了。这里需要特别提醒的是：要有主动意识，要减轻思想顾虑，要积极行动起来。具体做法：一是敬酒时配合说辞，如给领导敬酒，多说感激、赞美、表态之类的话；给同事、朋友敬酒，多说轻松的话题，把气氛活跃起来。二是尽量把现场的人都照顾到，特别要关注那些不怎么活跃的人，多敬酒、多找聊天话题，引导他们参与。

○ 结　账

结账，这一条看似简单，但如果做不好，却会很被动。许多时候，餐用完后，领导或者客人说走就走了，要么是各自散去，要么是有其他安排。这时候，如果大家还要等我们去结账，那肯定不行。所以说，提前结账就很关键。建议你这么做：酒席进行到下半段快结束时，你可以装作上洗手间，去把账结了。如果餐用完后还有其他安排，此时要抓紧联系，比如通知司机去开车，通知"第二站"的人做好准备，等等。还有，如果需要代驾，那就得提前联系好司机，确保用餐结束前，司机就能到达。所以，结账看似简单，但要做好这一条，背后有很多工作需要去做。

○ 散　场

　　散场，这一条很简单。用餐结束后，先把领导、同事（朋友）送出去，然后自己在用餐房间内转一圈，看看有没有什么东西落下了，最后出去。这一条非常重要，一个人的细致程度、服务意识就体现在一些细节上。到了饭店门外，把领导、同事都安排好送上车。

○ 到　家

　　回到家后，第一时间给领导、同事（朋友）发个微信或者短信，告知一声：到家了，感谢大家参与；同时问问领导、同事（朋友）都到家没有。这一条许多人不会去做，因为他们压根儿就没有这种意识。如果我们有的话，那么肯定会给领导和同事留下很好的印象。

餐桌接待的六个细节

点菜

提前了解
借助餐厅服务人员

入座

确定主座，招呼入座
（不清楚时，自由入座，
自己去招呼茶水）

敬酒

积极敬酒　细心照顾
（尽量把现场的人
都照顾到）

结账

找好时机
提前结账

散场

先送大家离场
自己检查房间

到家

第一时间与大家
沟通安全情况

　　正所谓：处处留心皆学问，人情练达即文章。要想做好接待工作，细节是成败的关键，只有把每个细节都全力以赴地做到位，那我们的接待水平、能力自然也就体现出来了。

本章要点总结

讲好祝酒辞的方法

☑ 提前知道，有所准备的情况下，记住"场+益+举+祝+干"五字口诀。

___

☑ 临时应酬，没有准备的情况下，记住"高+谢+祝"三字口诀。

___

如何通过给领导、同事敬酒表达诚意

☑ 给领导敬酒的表达方法："谢+心+祝""赞+心+祝""表+心+祝"，其中"谢""赞""表"一定要具体，不能空泛。

___

☑ 给同事敬酒的说辞：总体原则是"找原因，送祝愿"，可以通过谈缘分，谈感谢，会赞美，现挂法，找特殊，谈意义，找共同等找到说辞。

___

做好餐桌接待的"六个细节"

☑ 点菜。请餐厅服务员帮忙,注意点特色菜并问清楚来头和讲究。

☑ 入座。首先确定主座,然后招呼入座;如果搞不清楚座位顺序,先不表态,让大家自然入座。

☑ 敬酒。要有主动意识,敬酒时要配合说辞;特别关注那些不怎么活跃的人,引导他们参与。

☑ 结账。用餐到下半段快结束时,悄悄去结账。

☑ 散场。先把领导、同事(朋友)送出去,然后检查是否有什么东西落下了。

☑ 到家。到家后及时给领导、同事(朋友)发信息告知、询问情况。

第六章

述职报告

述职报告是对上一年工作的检验和考察，同时也是我们在领导和同事面前进行自我展示的一次绝佳机会。本章将教你学会做好述职报告的"魔板"和"举措"，帮助你更好地凸显自己。

▓作述职报告，首先要学会正确盘点工作

谈到述职报告，相信你不会陌生。每到年底，公务员都要进行年终述职，然后根据述职的情况进行评定，分成优秀、称职、基本称职、不称职四个等次。所以我们要高度重视，精心准备。

作好述职报告有三个步骤：第一步是学会正确盘点工作，第二步是搭建述职报告的整体框架，第三步是对述职报告的整体框架进行填充。

做述职报告的前提和基础是对上一年的工作进行总结和归纳，对过去的工作进行盘点。在盘点过程中，需要解决"三类问题"，明确"三大原则"，做好"三个步骤"。

○ 盘点工作，常遇到的"三类问题"

说到盘点工作，不知道你在实际工作中，有没

有遇到过下面三类问题：

一是干得多，但不知道如何总结，总感觉没什么可说的。明明干了 10 分，但只会说 5 分。

二是知道怎么总结，但往往是想到哪写到哪，想到哪说到哪，没有条理、缺乏逻辑，感觉是在记流水账，质量不高，缺乏亮点，无法彰显成绩、展示自我。

三是有心理顾虑，特别是当着领导、同事的面做口头述职的时候，表现得尤为明显。成绩说多了，害怕别人说是邀功；说问题、讲真话，又担心别人说我们在诉苦。

如何来解决这三类问题？在解决的过程中，需要注意哪些事项呢？关键是要把握好"三大原则"。

○ 盘点工作，要把握好"三大原则"

第一大原则是呈现实在的业绩。盘点工作，不能干 10 分说 5 分，那太傻了；当然也不能干 5 分说 10 分，那太滑了；而是干 10 分说 10 分，在干好工作的基础上，把自己的能力、水平展示出来，让大家更好地认识你。

第二大原则是展现积极的心态。高质量的述职报告，尤其是在盘点上一年的工作时，关键是要让领导和同事全面客观地了解真实情况。有了成绩不居功自傲；有了问题既不自卑也不逃避。既不是邀功也不是诉苦，而是有一颗感恩的心。用这种心态来写报告、讲报告，能够流露出真情实感，让大家感觉到温度。

第三大原则是运用好战略战术。所谓战略，是指盘点时要结合国家形势、行业特点、单位性质、岗位职责来谈，站位要高，看得要远，不要局限于自己的小圈圈中走不出来；所谓战术，就是指盘点时要掌握具体方法，知道如何来操作。此外，还要有听众意识，懂得换位思考，不能只说自己想说的，更要知道听众想听的，把话说到点子上。

○ **盘点工作，要做好"三个步骤"**

明白了盘点工作中需要解决的"三类问题"，明

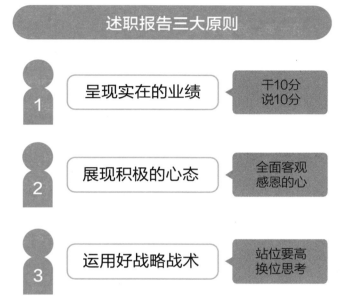

确了"三大原则",下面围绕如何做好盘点工作的"三个步骤",来讲一讲具体方法。

　　讲方法之前,要提醒你注意一个细节,就是看我们作述职报告时是代表个人还是代表部门,这两者之间是有区别的。如果代表个人,一般总结时主要谈自己;代表部门,那就要站得更高,谈得更加全面。

盘点工作的"三个步骤"，到底有哪些呢？

第一步，梳理罗列。

盘点工作的第一步是将上一年的工作都梳理、罗列出来。在这个步骤中，一般人会存在两个问题：一是"锣锣鼓鼓一齐响"，贪大求全，面面俱到，生怕把工作遗漏了，把自己的成绩写小了，所以事无巨细，不管大事小事，全部都写出来；二是"攻其一点不及其余"，指的是对某项有特色的工作或个别突出的成绩，长篇累牍，写得足够多，但对其他工作轻描淡写、一笔带过。这两种做法都是错误的。如何来避免呢？

解决的办法是"三对照"：首先是对照岗位职责。比如，你的岗位是办公室出纳，那就要围绕具体业务来展开，会计的事就要少提，因为这不属于你的岗位职责。其次是对照领导要求。即对照领导对你提出的工作要求进行盘点，这样才能有的放矢，有针对性。最后是对照工作日志。把自己上一年的工作日志翻一翻，看看都干了哪些，然后罗列出来。有了这三个对照，梳理罗列就基本齐全了。

第二步，分门别类。

指的是把梳理罗列出来的工作进行归类。比如，总结办公室工作可以分成"办文、办会、办事"三个大类，把大类分好后，再把相关的工作罗列进去；再比如，许多人述职时都会把工作分成学习情况、岗位履职、廉洁自律等几个大类，或者说按照时间顺序来把一年的工作分成一、二、三、四季度四个大类。做完分类，才能为下一步打好基础。

第三步，概括提炼。

即用关键词或者主题句将分门别类的素材进行概括提炼。比如，我的一位朋友是某个区的区长，他在总结 2018 年工作时，分别围绕"理想信念、工作实绩、队伍建设、工作作风、廉洁自律"等五个大类，总结出五句话：一是始终坚持在崇德守正中把握全局；二是始终坚持在奋发有为中推动发展；三是始终坚持在科学管理中建强队伍；四是始终坚持在求真务实中锤炼优良作风；五是始终坚持在严于律己中永葆清廉本色。这五句话就相当于概括提炼。

　　盘点工作，就如同炒一盘菜：梳理罗列相当于到菜市场买菜，分门别类相当于把菜买回来之后的摘菜、洗菜、切菜，概括提炼相当于炒菜。只有把这三个步骤都做到位了，才能把一年的工作盘点清楚，总结到位。

▓如何谋篇布局述职报告

搭建述职报告的整体框架是做好述职的第二个关键步骤，相当于对整个述职报告进行谋篇布局。这部分将教给你谋篇布局的"五大魔板"，让你对述职报告的整体结构有更全面的认识和把握。

○ 述职报告的"三个结合"

一般人的述职报告，比较普遍的做法是将报告分为三部分：第一部分是"上一年工作完成情况"；第二部分是"工作中存在的问题和不足"；第三部分是"下一年的工作打算"。但对于公务员来说，每个人的实际工作情况都不一样，不同的单位性质和工作岗位，对述职报告的框架要求也不相同。做好述职报告的谋篇布局，关键还是要结合实际，尤其是要做到下面"三个结合"：

一是结合单位性质。比如，机关和企事业单位性质不一样，述职报告的基调、整体框架也就不一样。具体怎么把握呢？可以有两个方法：首先是参照往年的，看看过去述职报告的格式是怎么写的；其次是参照老同志的，看看其他老同志是怎么写的。这样做的好处是可以避免在大的框架上出错。

二是结合岗位要求。比如，有的领导写述职报告，除了工作之外，还要求写廉洁自律的相关情况。在同一个单位，中层领导和基层一般员工岗位要求不一样，整个述职报告的框架结构自然也就不同。

三是结合职位角色。比如，单位正职和副职，主要业务岗位和辅助性岗位等等，这些职位角色的区别，对于述职报告谋篇布局的要求自然也会有所区别。

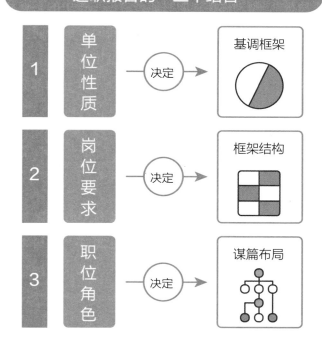

○ 述职报告框架搭建"五大魔板"

下面送给你在搭建述职报告整体框架时的"五大魔板"，帮助你在述职时能将自己工作中的亮点和特色展现出来，更好地获得领导和同事的认同。要说明的是，这五个"魔板"主要是用在谈上一年的工作总结。这部分是述职时最重要、最关键的部分。

"一二"魔板

即把工作总结成"一个突破"加上"两个坚持"。

举例：小赵在宣传部文明办工作，他总结 2018 年的工作时，"一个突破"指的是 2018 年全国文明城市测评成绩相对于过去取得突破；"两个坚持"指的是在创文具体工作中，坚持督导力度不放松，坚持督导形式有创新。

"二一"魔板

即把工作总结成"两个改进"加上"一个

提高"。

举例：小张在财务处工作，他总结 2018 年的工作是在"工作流程、工作模式"上做了改进，在"服务水平"上有了提高。

"一二三"魔板

即把工作总结成"一个中心"加上"两个重点"，再加上"三个方面"。

举例：王姐在一家国有企业做副总，她总结 2019 年的工作时，是围绕"一个中心"，即以企业利润为中心；突出"两个重点"，即重点区域和重点客户；推动"三个方面"升级，即推动营销、生产、售后上台阶。

"三二一"魔板

即把工作总结成"三个突破"加上"两个落实"，再加上"一个收获"。

举例：小钱在办公室工作，他总结 2019 年的工作时，是取得"三个突破"，即在办文、办会、办事三项业务能力上有了新的突破；强化"两个落实"，即落实领导批示指示精神，落实重点任务督办；取得了"一个收获"，即在一项重点工作中被中央部委评为先进工作者。

"三三三"魔板

即把工作总结成"三个重视"加上"三大成就"，再加上"三项创新"。

举例：张处长是单位的某核心业务处室负责人，他总结 2019 年的工作时，是得到了领导的"三个重视"，即对处室作用地位、人员配备、资金保障的重视；取得了"三大成就"，即业务总量全省排名第一，在全国会议做经验介绍，得到省级部门领导的批示肯定；完成了"三项创新"，即在信息报送、业务拓展、对外宣传上有所创新。

述职报告框架搭建"五大魔板"

一二魔板

| 1 突破 | + | 2 坚持 |

在xxx工作上，相较于xxx取得突破

坚持 1. xxx　2. xxx

二一魔板

| 2 改进 | + | 1 提高 |

对 1. xxx　2. xxx 做出了改进

在xxx上有了提高

一二三魔板

| 1 中心 | + | 2 重点 | + | 3 方面 |

围绕xxx中心：

在 1. xxx　2. xxx 做出重点安排

体现在 1. xxx　2. xxx　3. xxx 方面

三二一魔板

| 3 突破 | + | 2 落实 | + | 1 收获 |

在 1. xxx　2. xxx　3. xxx 工作上有突破

1. xxx　2. xxx 得到落实

对xxx有了很大收获

三三三魔板

| 3 重视 | + | 3 成就 | + | 3 创新 |

重视 1. xxx　2. xxx　3. xxx 工作

取得 1. xxx　2. xxx　3. xxx 成就

在 1. xxx　2. xxx　3. xxx 有创新

所谓"魔板"，就是在盘点工作的基础上，用"一二""二一""一二三""三二一"或是"三三三"这些便于让听众记忆，使人印象深刻的数字组合，对所做的工作进行排列组合，同时用一些关键词进行包装。使用"魔板"的好处是，不仅能让听众耳目一新，更重要的是能给听众强烈的整体感，显示我们已经把工作融会贯通，而不是简单地罗列和堆砌，记流水账。在上述五个"魔板"中，"关键词"是可以结合实际随时变换的，这也能充分体现出总结者的概括能力。

○ 述职报告的"三个性"

在讲述职报告的整体框架结构时，要讲究"三个性"，这也代表了述职报告谋篇布局的三个层次：

一是条理性。意思是知道自己干了什么。比如，在办公室工作，每天都很忙碌，年底总结时，如果能把工作分为"办文、办会、办事"三个大类，这样就显得很有条理。这是谋篇布局的第一个层次。

二是逻辑性。意思是不仅知道自己干了什么，而且还知道自己是怎么干的。比如，对"办文、办会、办事"进行分析总结，"办文"时的关键点是要细心，只有细致了才不会出错；而如何做到细心呢，关键是要有责任心。在述职时，如果把这些话放进去，夹叙夹议，虚实结合，既知道干了什么，也知道怎么才能干好。这就可以达到谋篇布局的第二个层次了。

三是思想性。意思是不仅知道自己干了什么，而且还知道自己是怎么干的，更重要的是还知道为什么要这么干。要达到这一步很难。通过知道干什么、怎么干，最终明白为什么要干，这相当于是回答"我是谁"的终极提问。比如负责办公室工作，虽然每天处理的都是小事，但在机关整体运作中，却发挥了不可替代的巨大作用。明白了工作的价值所在，这样写总结和作述职，站位、层次就更高了，也就达到了谋篇布局的第三个层次。

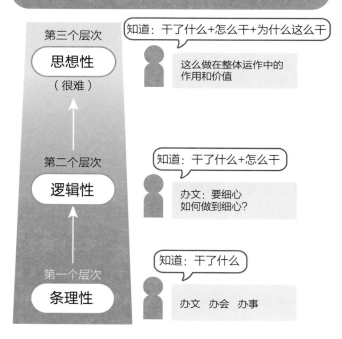

▋充实述职报告内容的"五条举措"

述职报告的整体框架定下来了，接下来就是如何填充的问题，这也是述职报告的第三个步骤。如何做到干了10分就能说10分，下面就告诉你具体的五条举措。

○ 突出重点，讲细谈透

我们常讲"平均用力，不如重拳出击"，短时间内述职报告要给听众留下深刻印象，必须把有限的时间用在刀刃上，突出重点，讲细谈透。

具体操作时，应该围绕"领导关注的，同事爱听的，自己有感受的"这三类重点内容展开，把时间往这三个方面倾斜，其他的小事尽量少说。此外，如果具备创新意义、成绩显著的工作，要浓墨重彩、充分展示，且最好通过第三方的评价来说明问题，比如上级肯定、统计数据、评比结果、媒体报道、群众口碑，等等。当然，也需要统筹兼顾，述职报告中的亮点可以下大笔墨，其他工作也要有所体现，哪怕点到为止或一笔带过也是需要的。

○ 善用"三么"结构表达法

所谓"三么"，就是"基于什么，干了什么，结果是什么"。机关的公文中，经常会有这样的用法。

举例：按照中央和省委关于"两学一做"学习教育的整体安排部署（基于什么），我们把学习教育作为今年党建工作的龙头任务，通过扎实抓好"关键少数"，着眼规定动作，突出融合结合，从严从实推进（干了什么），确保"两学一做"学习教育取得实效（结果是什么）。这就是典型的"三么"结构表达法。

上例用的就是典型的"三么"结构表达法。在

"三么"结构表达法中，"基于什么"最重要，可以帮助我们回忆领导或单位要求。工作中，经常会出现领导提出的要求自己忘了，这样的提醒会让对方觉得我们很用心，而且这个方法能体现出很强的逻辑性。

○ **特殊情况下的表达法**

超额完成任务

如果成绩超额完成或比较显著，这种情况下，述职应该重结果，说数据。这样才能更好地显示能力。

举例：

今年省上给我们下达的文化产业增加值的比率是 15%，我们实际达到 75%，是要求的 5 倍，全省第一。不仅如此，我市的文化产业绝对值还进入了全国前 10 强，受到通报表扬。

工作完成情况不理想

如果成绩未完成年初要求或成绩一般，这种情况下，述职应该重分析，找原因。这样能让领导感受到我们的积极态度。

举例：

今年业绩完成情况不太理想，自己主观努力程度不够是重要的原因：自己的潜力还有待进一步挖掘提升，开拓创新的意识不强，跟踪服务客户的意识不到位等等，都值得进一步改善和提升。当然，也受到整个金融危机大形势的影响。

在上面两种情况下，需要把握一个细节：如果超额完成任务，可以先说客观原因，再说主观努力，这样显得谦虚；如果完成情况不理想，则可以先说主观原因，再说客观原因，这样可以显得有担当。

○ 要学会一分为二

所谓一分为二，就是述职报告既要讲成绩，又要讲不足。许多人在述职时大谈特谈成绩，对工作失误避而不谈，以为这样能给大家留下好印象，却往往事与愿违。

　　述职时突出成绩没有错，但只谈成绩不谈失误，既显得不够真诚，也缺乏正确面对失误的心态。人无完人，工作失误在所难免，尤其听众是熟悉的同事。述职时谈完了成绩，不妨也坦诚地谈谈工作失误。如果能提出破解之法自然最好，即使暂时没有解决办法，也表明我们有直面失误的勇气和改进的决心，这样容易获得听众的认同。

○ 适当地推功揽过

　　看清楚，不是推过揽功。面对众人，把功劳推给属下或同事，把错误揽到自己身上，这是领导艺术，也是善于述职的表现。推功时，关键是要点明具体的人和事，让听众觉得真诚而非刻意为之；揽过时，要注意分寸，既说明客观原因，又表明自身努力，不能自己给自己挖坑。建议这部分放在述职报告的最后，这样容易打动人心，引起共鸣。

充实述职报告内容的五条举措

目标 做10分，说10分

1 突出重点，讲细谈透

 领导
关注的

 同事
爱听的

 自己
感受的

2 善用"三么"表达法

 基于
什么

 干了
什么

 结果是
什么

3 特殊情况表达法

超额完成任务 ➡ 重结果 说数据 ➡ 显示能力

完成情况不理想 ➡ 重分析 找原因 ➡ 态度积极

4 学会一分为二

 成绩 ➕  不足

5 适当地推功揽过

功 ➡ 属下、同事

过 ➡ 自己

本章要点总结

作述职报告，首先要学会正确盘点工作

☑ 述职报告的第一步：盘点工作。

☑ 盘点工作要解决"三类问题"：干 10 分只会说 5 分；总结像是记流水账；讲成绩担心别人说是邀功，讲问题担心别人说是诉苦。

☑ 盘点工作的"三大原则"：呈现实在的业绩，展现积极的心态，运用好战略战术。

☑ 盘点工作要做好"三个步骤"：梳理罗列，分门别类，概括提炼。

搭建述职报告框架的"五大魔板"

☑ 述职报告的第二步：谋篇布局。

☑ 谋篇布局的"五大魔板"，主要是用在总结工作完成情况时。

☑ "一二魔板"："一个突破"加上"两个坚持"；

☑ "二一魔板"："两个改进"加上"一个提高"；

☑ "一二三魔板"："一个中心"加上"两个重点"，再加上"三个方面"；

☑ "三二一魔板"："三个突破"加上"两个落实"，再加上"一个收获"；

☑ "三三三魔板"："三个重视"加上"三大成就"，再加上"三项创新"。

☑ 谋篇布局要讲究"三个性"：条理性、逻辑性、思想性。

充实述职报告内容的"五条举措"

☑ 述职报告的第三步：填充内容。

☑ 第一条，突出重点，讲细谈透。

☑ 第二条，善用"三么"（基于什么，干了什么，结果是什么）结构表达法。

☑ 第三条，工作超额完成，述职应该重结果，说数据；工作未完成，述职应该重分析，找原因。

☑ 第四条，学会一分为二。述职报告既要讲成绩，又要讲不足。

☑ 第五条，适当地推功揽过。把功劳推给属下或同事，把错误揽到自己身上。

第七章

日常交际

本章主要是为了帮助你掌握与领导、同事日常交际的一些技巧和方法。比如，如何与领导和同事愉快地聊天，怎么得体地给他人发微信、短信、打电话，等等。细节决定成败！态度决定一切！

▓让人"过耳不忘"的"二三一"自我介绍法

陌生场合经常会用到自我介绍。如何通过一次简单的自我介绍，把自己很好地展现出来，给对方留下深刻印象，为以后的交往奠定基础，这是一门每个人都要掌握的技能。

自我介绍，被许多人戏称为"行走江湖的必备技能"。我们参加各种会议、聚会，甚至是相亲等，很多场合都需要用到，在职场中平常最多见的自我介绍是这个样子：

"大家好！我叫××，初来乍到，请多关照！"——这个自我介绍的思路是：问好＋名字＋客套。

这种自我介绍，形式非常普遍，一般人都这么说。这种方法，优点是简单，拿来就能用；缺点是过于简单——因为这样的自我介绍，实际上是无效的，听众很难记得住！

那么，如何来做一次让人"过耳不忘"的自我介绍呢？如何通过自我介绍把自己很好地展现出来呢？给你介绍一个"二三一"自我介绍法。

○ "二"：做好自我介绍的两个思路

首先来说**"二三一"自我介绍法中的"二"。**所谓"二"，指的是做好自我介绍的两个基本思路：一是自我介绍要给听众提供价值连接，二是自我介绍要反映个人特质。一次让听众"过耳不忘"的自我介绍，主要是围绕这两个思路来展开。

所谓"价值连接"，就是指给听众能带来的好处。

比如，我在一些场合做自我介绍时，经常说我能教给大家面对众人讲话不紧张的方法。很多人听了后就很感兴趣，对我印象很深。这就是给听众带来的好处。再比如，如果我们在某个方面有研究或懂得比较多，那么自我介绍时，就可以围绕这个方面讲得多一些，让他人更好地认识我们。

价值连接往往是和个人职业连在一起的。所以，做自我介绍时，一定不能忘记介绍自己的职业，这是现代职场人最重要的交往基础。在介绍职业时，建议说得多一点、详细一些。比如，你是一名医生，自我介绍时，如果只是泛泛地说自己是医生，就不是很详细；而如果说自己是医生，是一名儿科大夫，擅长外科，那就更精准了。听众如果有初为人父人母的肯定能记住，因为这跟他们的切身利益相关。

所谓"个人特质"，就是我们与众不同的地方，和别人不一样的方面。

自我介绍时，经常会听到有人这么说——我喜欢读书、旅游、音乐之类。话虽没错，但效果却不好。为什么？因为几乎没有人不爱旅游、不爱音乐、不爱读书（就算不爱也不会说出来）。所以，说自己喜欢读书、旅游、音乐之类，说了等于白说，他人是不会留下深刻印象的。这就属于没有反映出个人特质。

自我介绍的两个基本思路

提供价值连接

用于

介绍个人职业

- 我是一名 xxx
- 具体做 xxx
- 与你的生活有 xxx 关系 → 细讲

反映个人特质

突出

与众不同

- 喜欢背相声贯口
- 喜欢打泰拳 → 特点、特色
- ……

我的一位朋友，有一个特别的爱好，喜欢背相声贯口，尤其是过去的一些传统老段子，比如《八扇屏》《英雄论》《报菜名》《地理图》《白事会》《夸住宅》……独自一人坐地铁时，别人都在玩手机，他就一个人在那念叨，有时候还不小心背出声，手中比比画画——这就是特点特色。

说出你的特别之处，向听众展示一个与众不同、独一无二的你，是做好自我介绍的另一个基本思路。别人能够认识你并记住你，因为你就是你，你和别人不一样。

○ "三"：做好自我介绍的三个细节

接着介绍"二三一"自我介绍法中的"三"。所谓"三"，指的是做好自我介绍的三个细节：一是注重外在表现，二是在名字上下功夫，三是注重得体。

第一个细节"注重外在表现"，是指做自我介绍时，除了介绍的内容外，介绍者的外在表现，如仪表仪态、声音手势、站姿体态等细节也非常重要。

首先说仪表仪态。英国有句谚语：你没有第二次机会，给人留下第一印象。说第一印象的产生，仅在彼此认识的前十秒钟之内就已经决定了。穿着打扮、服装发型都是展示我们形象的"名片",虽然不发出声音,却时时在传递着我们的审美、喜好和身份。

所以在某些重要场合,自我介绍前一定要确保自己仪表仪态大方得体、庄重自然。既不是邋里邋遢、不修边幅,也不是哗众取宠、用力过猛。

其次是讲话时的声音手势、站姿体态。如声音、语气、目光等。很难想象一个人的自我介绍内容很好,但很紧张,声音很小,别人可能连听都听不清,更谈不上记住了!

所以,做自我介绍时要做到:第一,落落大方,不要太过紧张,不要过于敏感;第二,说话时语言简洁,口齿清楚,态度保持自然、友善、亲切、随和;第三,充满热情、自信,敢于正视对方的眼睛,显得胸有成竹,从容不迫。这些要求都是自我介绍时必不可少的,尤其是在求职面试时,这些细节尤为重要。

第二个细节"在名字上下点功夫",是指通过一些方法,让听众准确无误地记住我们的名字,不仅

能记住我们名字的发音，更记住具体是哪些字。

我有位朋友叫刘芳，自我介绍时都这样说："我叫刘芳，人生在世当创造价值，万古流芳。"每次她介绍完，大家都能留下比较深的印象。这相当于用谐音法让大家记住。还有的人，名字中有生僻字、不常见的字，这时可以运用拆字法。比如，有位朋友叫王赟（yūn），"赟"字比较生僻，上面是"斌"，下面是"贝"，寓意美好。所以，介绍时可以先用拆字法拆开："赟"字是"文+武+贝"，不仅文武双全，还很有钱，就是现在常说的"高富帅"。

第三个细节"要注重得体"，是指做自我介绍时，要看是否符合场合需要。

自我介绍要符合场合需要，正式场景、非正式场景要有所区别，要有针对性，看看是否得体。在正式场合自我介绍，把姓和名分开介绍并对字义稍加解释就可以了。如果遇到重要场合，想让在场的人记住自己，最好加上名字的来历和意义。在社交场合，不妨采用幽默诙谐的介绍方法，让大家在轻松的氛围中记住我们。有个朋友叫宋德让，在朋友聚会上他这样自我介绍："一般人都愿意和我做生意。为什么呢？我这个人'送（宋）了，还得（德）让'，大家绝对不会吃亏。"

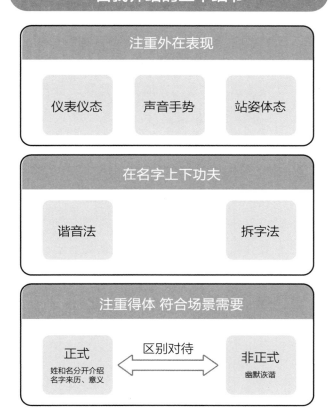

○ "一"：做好自我介绍的一个基本前提

最后，介绍"二三一"自我介绍法中的"一"。所谓"一"，指的是做好自我介绍的一个基本前提——认识你自己。

自我介绍的目的在于让听众认识你，记住你。而要让听众认识并记住你，前提条件是"我们要认识自己"。不管是"价值连接"还是"个人特质"，或是自我介绍的三个细节，都需要一个前提和基础，那就是——认识你自己。

认识你自己说起来容易做起来难。我们常讲"知人者智，自知者明"，要想做一次成功的、令人难忘的自我介绍，第一步，首先是认识自己，对自己的特点、喜好要有认识。试想一下，如果你都不了解自己，那还能指望谁了解你呢？又怎么能指望听众记住你呢？

与领导和同事愉快聊天的"五个公式"

有的人很害怕与领导和同事聊天，因为不敢说、不会说，或者一张嘴就犯错把天聊死，让人尴尬。下面这五个聊天公式，可以让你彻底摆脱不敢聊、不会聊、不想聊的窘境。

○ 第一个公式："耳钉好看"法

这个公式有三部分内容，分别是"发现+赞美+请教"。即先发现对方身上的闪光点，然后真诚地赞美，接着用请教的方式来进行深度沟通。

举例：

我有一个女同事小美，和单位女领导坐车去下乡调研。上了车，小美就发现领导戴了新耳钉。她就这么说："啊，领导今天你戴的新耳钉，（**发现**）真漂亮，和你的发型特别搭，看起来优雅大方。（**赞美**）我也想去换个耳钉，但就是不知道该怎么挑，怎么配，您教教我吧！"（**请教**）一路上两个人就围绕耳钉的话题，足足聊了有半个小时，聊得都很嗨。

○ 第二个公式："天气不错"法

这个公式也有三部分内容，分别是"同意+重复+解释"。运用时，先同意对方说的观点，然后进行重复，最后再进行解释和验证。

举例：

在上班路上碰见同事，双方闲聊。对方说："今天天气真不错。"这时候，我们可以这样来接话："就是的，（**同意**）今天天气确实好，（**重复**）前两天雾霾太严重了，今天总算见到了太阳，空气也不错，温度也合适。"（**解释**）谈到这儿时，还可以继续从解释和验证中找出更多的话题，比如接着聊聊雾霾，这样双方的聊天就能深度展开。

○ 第三个公式：男女聊天法

这个公式一般适用于异性之间的聊天，也有三部分内容，分别是"细节+感受+描述"。具体在使用的时候，要注意少说抽象结论，把抽象的东西具体化，多谈细节感受，多描述问题。

举例：

小王发现同事小美感冒了，走过去表示关心。原先的时候，他只会说，感冒要多喝点水，多休息。**（抽象结论）**然后，就没有然后了。现在他可以改成这样来说："哎呀，小美，感冒啦？我前几天也感冒了，头疼，嗓子痒，浑身无力，也特别难受！"**（细节+描述问题）**这时候，对方一般见到你关心，接下来都会和你聊一聊。小美说："就是的，头晕乎乎的，手上一堆活儿没法干了。"这时候，小王可以接着再说："上次我在家，躺了好几天才缓过来。要多喝水，及时休息，尤其是晚上要早点睡觉，多出出汗能好得快些。"（**描述的前提下，再具体化，让对方感受到说话者的诚意**）这个方法体现了男女性之间的差异，男性偏重于结论性、抽象性的东西——感冒了，那就吃药休息！而女性更关注的是细节、感受以及由此带来的关心、关注，有时候虽然是各说各话，但女性能感觉到对方愿意和自己聊，双方能聊到一块儿去。

○ 第四个公式：好为人师法

这个公式一般用在下属和领导之间的聊天，也有三部分内容，分别是"赞美+请教+表态"。具体做时，先是真诚地赞美对方，然后是自然地请教，激发对方好为人师的特点，最后再是真心表态，赢得好感。

举例：

小张和领导李主任之间的聊天。

一天，小张见到李主任，这样说："李主任，您最近气色真不错，肚子也比原来小了，是不是一直在锻炼呢?**(真诚地赞美)** 我爸也嚷嚷要减肥,就是减不下来。您能天天锻炼,有什么诀窍没?"**(自然地请教)** 这时候,一般领导都会讲几句,因为好为人师是绝大多数领导的通病。李主任说:"哪有什么诀窍,就是坚持,我认准一件事就坚持到底,给自己定的目标就一定完成。"小张说:"您说得真好,不光是锻炼身体,做任何事都得这样。前段时间,我们在推进××项目上有难度,今天听了您的话,我觉得下一步要在目标量化、任务管理等方面再下功夫。认准的事,就一定要想办法克服困难、坚持到底。"**(表态,把话往工作上靠,就很容易能抓住对方的关注点)**

○ 第五个公式:"最近怎样"法

这个公式一般用在同事之间的聊天,也有三部分内容,分别是"提问+发现+提问"。具体使用时,先用"开放式问题"提问,从中发现可以聊的信息,然后继续提问。这样循环往复、持续不断。

所谓"开放式问题"相当于论述题，就是需要对方展开论述的问题；与之对应的是"封闭式问题"，相当于判断题，对方只需要说"是"或者"不是"。比如，问"你最近忙不忙？"这就属于封闭式问题，一般对方只会回答"忙"或者"不忙"；而如果问"你最近怎么样？"这就属于开放式问题，相当于论述题，需要回答者展开论述。

举例：

小王在上班的路上，遇到好久不见的同学，热情地和对方打招呼："老同学，最近忙不？家里好吧？孩子上幼儿园了没有？"（**这些都属于封闭式问题**）说了一会儿，双方就感觉没话聊了！因为用了过多的"封闭式问题"，很容易导致谈话枯燥。一方不停地在问，另一方容易产生"被审问"的感觉。而如果改成这样的提问："最近工作怎么样？家里怎么样？孩子怎么样？"（**这些都属于开放式问题**）对方就需要进行阐述和解释，从而释放更多的信息，我们就可以从中找到对方感兴趣的话题，进行深入交流。

愉快聊天的五个公式

① 赞美类

"耳钉好看"法 ← 发现 + 赞美 + 请教

↓

好为人师法 ← 赞美 + 请教 + 表态

② 描述类

"天气不错"法 ← 同意 + 重复 + 解释

＋

男女聊天法 ← 细节 + 感受 + 描述

具体化，多谈细节感受

③ 提问类

"最近怎样"法 ← 提问 + 发现 + 提问

开放式提问

上面这五个聊天公式，实际上是运用好我们的眼睛、大脑和嘴巴。在与领导和同事聊天的过程中，首先是要用眼睛观察，弄清现场的气氛和情况，摸清对方的心情和状态，这相当于收集材料；然后将收集的情况经过大脑思考，得出话题，这相当于加工生产；最后将想好的东西表达出来，这相当于销售产品。

所以，与领导和同事聊天的整个过程步骤是：收集材料—加工生产—销售产品，分别和眼睛—大脑—嘴巴相对应。

有些人为什么一开口就能把天聊死，关键是把眼睛—大脑—嘴巴三者的顺序弄混了。要么是嘴巴比眼睛、大脑跑得快，要么是干脆既不用眼睛也不用大脑，而是直接用嘴巴，从而造成那么多令人心碎的尬聊。愉快聊天，不仅只用嘴巴，更关键的是，你得把眼睛和大脑也带上。

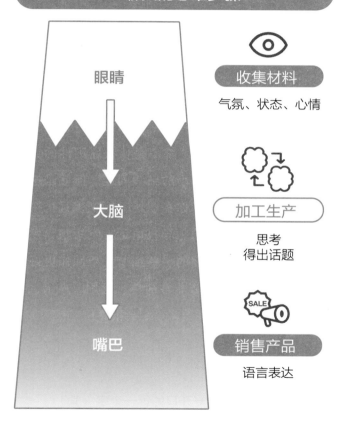

▓ 与领导电话、短信、微信联系的技巧

你肯定听说过这么一句话，叫作细节决定命运。很多时候，职场上犯错，都不是什么原则性的大错误，而是许多看起来很小的细节问题。但就是这些细节问题，往往决定了你在职场上能走多远！接下来，分别和你谈谈在给领导打电话、发短信、发微信时，需要注意和把握的一些细节，帮助你更好地和领导沟通。这些细节非常简单、管用、靠谱，如果真的能灵活运用，那效果一定会很棒！

○ 与领导通电话，要注意的细节

接打电话时，说好开口的第一个字（词）

与他人通电话，尤其是接电话时的第一个字（词），建议你试着用升调（轻松的语气）去说，那

感觉真的很不一样，有种很期待接到电话的感觉。建议看完这段后，你一定要去亲身体验一下。

给他人打电话，要学会说一句话：您现在说话方便吗？

不要一上来，就冒昧地喋喋不休。如果对方身份很高，建议你先发短信约好时间后，再给对方打电话。

在打电话的时候尽量少说口头语

比如，嗯、啊、哦等，这些口头语容易给人敷衍的感觉。尤其是在和领导沟通时，要尽量用下面这些词代替：是的、好的、明白，显得自己重视、利索。

学会复述确认重要事项

比如，"您刚才说的这几点……不知道我理解得对不对？"这句话往往用在对方交办事情后，我们可以快速地总结请示，和对方确认。这样既能显示对对方的尊重，也能显示自己的能力。

等对方先挂电话

耐心等，轻轻挂。一般人打电话最反感的事情就是，话刚说完，对方就把电话挂断了，显得特别没有礼貌。而这一点是许多人不注意的，有时候犯了错，自己还不知道错在哪。

与领导通电话，要注意的细节

① 开口第一个字（词）　　☺ 用升调（轻松的语气）

② 习惯性询问　　您现在说话方便吗？

③ 少说口头语　　× 嗯，啊，哦　√ 是的，好的，明白

④ 重复确认重要事项　　您刚才说的这几点……不知道我理解得对不对？

⑤ 等对方先挂电话　　耐心等，轻轻挂

○ **与领导短信沟通，要注意的细节**

电话沟通之前，先发短信

给不熟悉的领导打电话或有求于对方，沟通之前最好先发条短信。一是做自我介绍；二是询问对方现在是否方便通电话，以示尊重。

举例：王处长，您好！我是××局办公室小孙，有件事我想给您电话汇报一下。不知道现在方便不？

应酬回到家后，发平安短信

陪领导外出应酬，结束后先把领导送到家；然后自己到家后，第一时间给对方发条短信，报个平安，同时询问对方到家没有。这个小细节能够充分体现出你的细致和周到。

逢年过节，精心给领导发短信

逢年过节给领导发短信，要注意几个方面：一是在内容上要精心，千万别搞什么内容雷同的群发，与其那样，不如不发；二是短信内容一般以感谢、赞美、祝福为主，要注意写得具体、真诚；三是发送时间最好错开高峰，比如除夕当晚，尽量早点发，早点留下印象。

举例：尊敬的王书记，过年好。我是办公室小李。感谢您在过去的一年里对我的关心和帮助，特别是在写材料方面，我从您身上学习到了很多东西。新的一年即将来临，我将继续全力以赴、努力工作，不辜负您的期望，祝愿单位在您的带领下工作再上一层楼，也祝愿您及家人新春快乐，阖家幸福。

小事汇报，善用微信

领导安排的任务，如果是一些小事，没必要做正式汇报，做完后可用短信的形式进行报告。

举例：领导安排小王到火车站接客人，小王到火车站接到客人后，应该第一时间给领导发条短信，报告一下，免得让对方担心。

回复布置工作任务的短信，加上表态和举措

领导短信布置工作后，我们不要简单地回复"收到"或者"好"，建议在后面加上一句"立即落实"或"我现在就办",效果会好很多。如果能在后面再加上具体的工作举措那就更到位了。

举例:领导说:"小王,抓紧时间把材料写好交给我。"你要这样回复消息: "收到,我现在就写,明天上午一上班我就给您送办公室去。"

○ 与领导微信交流,要注意的细节

不发语音

用微信给对方发语音,主要是图自己方便,毕竟打字速度慢,用嘴说更省事。但自己省事了,却给对方添了麻烦。一是不能确定对方是否方便听。如果开会或是人多的场合,对方根本就无法听。二是用嘴说话,难免会有废话。明明一句话就能表达清楚的,可能 30 秒还没说清楚,这是变相地耽误对方时间。三是如果普通话不标准,有口音,那还有可能引起误会。所以,在职场给领导发微信,尽量用文字来表达。一是写的时候,可以反复斟酌,不至于出错;二是可以节省对方的时间;三是对对方表示尊重。关于微信语音聊天，一般来说，上级对下级可以，或是和家人之间聊天可以。除此之外，尽量要用文字来表达。

慎用微笑表情

有人曾经做过一个统计，说领导用微信时用得最多的表情是微笑（微笑就是点开微信表情包时，排在第一位的表情）。领导用这个表情，一是方便，二是不失威严。但是，如果我们给领导用，那就有些尴尬了。所以，要注意慎用微笑表情。上级对下级可以用，长辈对晚辈可以用，甲方对乙方可以用。

用好语气词

如果同事有求于你，或者领导有任务下达，最好回答"嗯嗯、哦哦或者好嘞"，这一定比"嗯、哦、好"要强不少。虽然只多一个语气词，但感觉截然不同。比如，领导说："今天有个任务……"你回答说："嗯"，感觉像是有点消极怠工，而回答"嗯嗯"两个字则代表着很期待的感觉。

注意标点

这里说的标点，主要是指省略号。比如，领导安排一项工作，由于种种原因，我们没能完成，这时候你给领导发微信："计划完不成了……"后面带上"……"明显是带有愧疚和没有表达出来的一些客观理由。而如果你对领导说："计划完不成了。"后面没有省略号，估计领导会极度不爽。注意，千万不要小看这个省略号。有和没有，意义大不一样。

与领导微信交流，要注意的细节

1 不发语音，尽量用文字表达

☺ 语音 ✗	🗨 文字 ✓
自己省事，给对方添麻烦	不出错
变相耽误对方时间	节省对方时间
口音可能会引起误会	尊重对方

2 慎用微笑表情

领导常用表情

3 用好语气词

嗯
哦
好 → 嗯嗯
哦哦
好嘞

4 注意标点
（主要指省略号）

计划完不成了。 → 计划完不成了……

· 愧疚
· 没有表达出来的客观理由

本章要点总结

让人"过耳不忘"的"二三一"自我介绍法

☑ 两个基本思路：一是给听众提供价值连接，二是要反映个人特质。

☑ 三个细节：一是注重外在表现，二是在名字上下功夫，三是注重得体。

☑ 一个基本前提：认识你自己。

与领导和同事愉快聊天的"五个公式"

☑ "耳钉好看"法：发现+赞美+请教。先发现对方身上的闪光点，然后真诚地赞美，接着用请教的方式来进行深度沟通。

☑ "天气不错"法：同意+重复+解释。

☑ 男女聊天法：一般是用于异性之间的聊天，细节+感受+描述。

☑ 好为人师法：一般用在和领导之间的聊天，赞美+请教+表态。

☑ "最近怎样"法：一般用在和同事之间的聊天，提问+
发现+提问。

与领导电话、短信、微信联系的技巧

☑ 电话联系的细节：开口第一个字（词）用升调（轻松的
语气）去说；习惯性地问"您现在说话方便吗"；尽量
少说"嗯、啊、哦"之类的口头语，用"是的、好的、
明白"来代替；重要事项学会复述确认，"您刚才说的
这几点……不知道我理解得对不对"；等对方先挂电话。

☑ 发短信的细节：打手机前提前发短信；陪领导应酬后，
给对方发短信报平安并询问对方情况；逢年过节发短
信，要精心，内容具体、真诚，错开高峰；领导安排小
任务，做完后可用短信报告；收到工作任务后，不要只
简单回复"收到"或"好"，加上"立即落实""我现
在就办"。

☑ 发微信的细节：尽量不发语音消息；慎用微笑表情；用
好语气词；解释工作没做好时，可以适当用省略号。